images

TROÏS

LECTURES LITTÉRAIRES

MARIE-CLAIRE ANTOINE ✦ JEAN-PAUL VALETTE ✦ REBECCA M. VALETTE

McDougal Littell
A HOUGHTON MIFFLIN COMPANY
Evanston, Illinois • Boston • Dallas

TEACHER CONSULTANTS

Susan Arandjelovic
Dobson High School
Mesa, AZ

Caroline Bosc
National Presbyterian School
Washington, DC

T. Jeffrey Richards
Roosevelt High School
Sioux Falls, SD

Yvonne Touzet-Rall
Centerville High School
Centerville, OH

CREDITS

Front cover:

J. M. Truchet
Tony Stone Images, Inc.
The Louvre, Paris, France

Lisl Dennis
The Image Bank
(left inset)
Sahara pot in a Medina
home, Marrakech, Morocco

First Light
(right inset)
Château Frontenac
Québec City, Canada

Back cover:

J. M. Truchet
Tony Stone Images, Inc.
The Louvre, Paris, France

PHOTOGRAPHY CREDITS

i, iii–iv Henebry Photography; **1** Owen Franken; **2** Michel Lemoine/Sipa Press; **3, 7** Tom Craig; **8** Jon Riley/Tony Stone Images; **9** United Nations; **13** Jon Riley/Tony Stone Images; **15** Corbis-Bettmann; **19** American Institute of Physics/ESVA, William G. Meyers Collection; **20** Liaison International; **21** Photo Francolon/Liaison International; **25** Patrick Aventurier/Liaison International; **26** Jed Jacobsohn/Allsport; **27** UPI/Corbis-Bettmann; **31** Paul Coffey/Allsport; **33** Tom Craig; **34** Peter Krinninger/International Stock Photography; **37** William Stevens/Liaison International; **39** The Granger Collection; **40** North Wind Picture Archives; **43** Stock Montage, Inc.; **45** National Museum of Art, Washington, DC/Art Resource, NY; **46** Courtesy of Jean A. Moore; **49** Ira Lipsky/International Stock Photography; **51** Patrick Pipard; **52** Brown Brothers; **59** Tom Craig; **67** Brown Brothers; **68** The Granger Collection; **73** Photographie Bulloz; **74** The Granger Collection; **79** Owen Franken; **80** The Granger Collection; **87** North Wind Picture Archives; **88** The Granger Collection; **95** Philippe Renault/Liaison International; **97** Peter Menzel; **98** North Wind Picture Archives; **103** Photofest; **104** The Granger Collection; **111** Robert Arakaki/International Stock Photography; **112** Les Nouvelles Éditions Africaines du Sénégal; **118** Frederic Reclain/Liaison International; **125** Ulf Andersen/Liaison International; **126, 133, 134, 139** North Wind Picture Archives; **140, 144** The Granger Collection; **148** North Wind Picture Archives; **152, 156** The Granger Collection; **160** Archive Photos

ILLUSTRATION CREDITS

Nneka Bennett **81, 113**
Anna Budzyńska-Lonc **89**
Patrick Deubelbeiss **69, 135**
Bernard Duchesne **153, 161**

Christiane Gaudette **99, 145**
Carol Inouye **60, 61**
Louise-Andrée Laliberté **75, 157**
Jacques Lamontagne **53, 127**

Alain Massicotte **119**
Bruce Roberts **149**
Matthew Trueman **105, 141**

TEXT CREDITS

105-108 Albert CAMUS, excerpts from « L'hôte » in *L'exil et le royaume,* Copyright © 1957 Editions GALLIMARD; **113-114** Mariama BÂ, excerpt from *Une si longue lettre,* Copyright © 1979 Les Nouvelles Éditions Africaines; **119-122** Marguerite DURAS, excerpt from « La mort du jeune aviateur anglais » in *Écrire,* Copyright © 1993 Editions GALLIMARD.

Printed in the United States of America.

International Standard Book Number: 0-669-43539-2

1 2 3 4 5 6 7 8 9 0 -MAM- 02 01 00 99 98

TABLE DES MATIÈRES

To the Teacher

IMAGES 3 is organized into ten chapters, a total of 26 reading selections grouped in three sections:

- Lectures journalistiques
- Lectures littéraires
- Lectures littéraires avancées

These sections progress in level of difficulty, allowing students to read at their individual skill levels. Literary selections are grouped by **genre** (**contes, lettres, poésie,** etc.) to help students compare and contrast literary forms. A timeline (pages 51 and 97) shows the historical position of each of the literary selections in **IMAGES 3**, as well as concurrent events in world history.

Writing skills are developed in the **Avant d'écrire** writing hints and **Expression écrite** sections. Students develop and refine their critical analysis skills through activities that encourage evaluating, connecting, comparing and contrasting.

IMAGES 3 presents a wide range of literary selections in an accessible format, encouraging students to enter into the richness and variety of the literary traditions of France and the French-speaking world.

To the Student

IMAGES 3 introduces you to many of the great works of French literature while helping you to learn about well-known authors and historical events. Use the timelines on pages 51 and 97 to see when each selection was written. The activities will help you to build critical analysis and writing skills. As you develop and refine your reading and writing skills, you will find that you can more easily appreciate the richness and variety of the literature of France and the French-speaking world.

 FEATURED AUTHORS

Guillaume Apollinaire	Marguerite Duras	Charles de Montesquieu
Mariama Bâ	Jean de La Fontaine	Arthur Rimbaud
Charles Baudelaire	Jeanne Marie Leprince de Beaumont	Pierre de Ronsard
Albert Camus	Marie-Antoinette	Paul Verlaine
Pierre Corneille	Guy de Maupassant	Voltaire
Alphonse Daudet	Molière	

LECTURES
JOURNALISTIQUES

STRATÉGIE DE LECTURE

● Pensez à votre propre job ou à un job que vous aimeriez avoir. En lisant l'interview, comparez vos responsabilités avec celles d'Agnès et de Djamila.

À VOUS

Donnez votre opinion personnelle.

1 Le salaire minimum légal aux États-Unis est...

   a. supérieur à $6.00
   b. inférieur à $5.00
   c. entre $5.00 et $6.00

2 En général, quand on se présente à une interview pour la première fois, il n'est pas nécessaire d'apporter...

   a. son C.V. (*résumé*)
   b. des lettres de référence
   c. son permis de conduire

3 ...n'est pas un job pour les jeunes.

   a. Professeur de lycée
   b. Livreur/livreuse de pizza
   c. Serveur/serveuse de restaurant

Les jobs des jeunes

LA LOI

En France, il est interdit de travailler si vous avez moins de 16 ans. Il existe des exceptions spéciales, mais la loi est stricte. De plus, avant l'âge de la majorité à 18 ans, il est nécessaire de donner l'autorisation du père à tout employeur. Le salaire d'un jeune employé est basé sur le salaire minimum légal qui est d'environ 38 francs l'heure (±$6.50).

DEUX INTERVIEWS
Agnès au FreeTime et Djamila à Pizza Presto

La restauration rapide[1] offre beaucoup de jobs aux jeunes. Agnès, 19 ans, travaille dans un FreeTime à Bordeaux, une ville du sud-ouest de la France. Djamila, elle, a 21 ans. Elle est livreuse de pizzas pour une franchise de la chaîne Pizza Presto à Bordeaux. Elles ont répondu à nos questions.

[1] fast-food

VOCABULAIRE

la caisse L'endroit dans un magasin où on paie s'appelle **la caisse**.

un pourboire Au restaurant, l'argent que vous laissez sur la table après avoir payé l'addition s'appelle **le pourboire**. En France, le service est généralement compris dans l'addition.

les heures de pointe Dans la restauration rapide, il y a des **heures de pointe**, où il y a le plus de clients. En France, les **heures de pointe** sont entre 11h30 et 14h00 et entre 18h30 et 21h00.

livreur/livreuse Un **livreur** ou **une livreuse** de pizzas, par exemple, apporte des pizzas chez les clients en scooter ou en auto.

moniteur/monitrice Le **moniteur** ou la **monitrice** organise les activités pour occuper les enfants dans les colonies de vacances (*summer camps*).

Agnès aide un client
à la caisse.

**Est-il nécessaire d'avoir de l'expérience
pour obtenir ce job?**

Agnès: La formation est assurée par FreeTime.
Il y a beaucoup à apprendre parce qu'on alterne
souvent les rôles. Un jour je suis à la caisse,
un autre je prépare les hamburgers…

Djamila: L'essentiel est d'avoir un scooter ou
une mobylette et d'être sérieux. Inutile de se
présenter si vous avez eu des amendes[1] pour
excès de vitesse!

Quelles sont les qualités nécessaires?

Agnès: Il faut avoir un bon sens des contacts humains parce qu'on est
face aux clients toute la journée. Au FreeTime, on apprend à être rapide,
organisé, toujours aimable et disponible.

Djamila: Je suis d'accord. En plus, pour être livreur, il faut avoir un bon
sens de l'orientation et être très responsable.

Quels sont les avantages de votre job?

Agnès: C'est intéressant car on apprend beaucoup de choses différentes.
Comment s'adresser au client, par exemple.

Djamila: On finit par connaître les gens du quartier où on travaille.
Et puis, on est à l'extérieur. C'est agréable l'été!

Et quelles sont les difficultés?

Agnès: Les heures de pointe, entre 11h30 et 14h00 et entre 18h30 et
21h00. Il faut être très rapide et faire très attention pour ne pas
mélanger les commandes.

Djamila: La pluie! Je déteste le mauvais temps! Les gens commandent
plus facilement de la pizza parce qu'ils ne veulent pas sortir. Mais moi,
je suis sur mon scooter sous la pluie!

Que faites-vous avec l'argent que vous gagnez?

Agnès: Moi, je veux étudier la médecine. Alors j'économise le plus
possible. Mais de temps en temps, je m'offre un cadeau, comme un pull.

Djamila: J'économise mes pourboires pour pouvoir acheter un appareil
photo. Je voudrais être artiste photographe.

[1]fines

Merci Agnès et Djamila. Bon courage!

D'AUTRES JOBS SYMPAS

Bien sûr, les jeunes Français peuvent trouver des jobs dans d'autres secteurs[1] que la restauration rapide. Les parcs à thèmes proposent des jobs qui demandent un bon sens des contacts humains et souvent la connaissance d'une langue étrangère. Les hypermarchés aussi offrent des emplois. Ces supermarchés géants typiquement français vendent de l'alimentation, des vêtements, des meubles, de l'électronique... Ils ont toujours besoin de personnel pour travailler à la caisse ou dans les rayons. Et n'oublions pas les emplois traditionnels des étudiants: cours particuliers,[2] baby-sitting, moniteur de colonie de vacances. Certains jeunes créent leur propre job. Ils vendent leurs vieux objets et vêtements au marché aux puces, tandis que[3] d'autres proposent de faire le ménage chez les voisins ou de faire les courses pour des personnes qui ont des difficultés à sortir.

SURFER SUR LES JOBS EN LIGNE

Comment les jeunes Français trouvent-ils ces jobs? Ils lisent les petites annonces du journal ou s'adressent aux associations d'étudiants. Certains préfèrent utiliser leur Minitel, le réseau en ligne[4] français. Les plus branchés[5] vont dans les cybercafés pour surfer sur l'Internet. Avec un peu d'imagination et beaucoup de courage, ils arrivent à trouver un job intéressant!

Pizzarella
Cherche livreur/livreuse de pizza.
Permis de conduire exigé.
Horaires flexibles.
Bonnes références nécessaires.
Pizzarella,
3 rue du Mouton,
Libercourt

Steak & Frites
Cherche serveur/serveuse
pour juin/juillet/août.
Formation assurée.
Téléphoner
entre 9h00 et 17h00
au 01.22.22.55.55

Au Croissant Chaud
Spécialiste des pâtisseries et sandwiches
cherche jeune personne disponible juin/juillet
pour préparer sandwiches.
Aucune expérience nécessaire.
17 rue Saint-Claude
75003 Paris
Se présenter au magasin.

Compagnie d'assurances
Cherche étudiant pour campagne
de télémarketing.
15 heures/semaine.
Téléphoner au 03.55.55.33.33

---

[1]areas   [2]private lessons   [3]while   [4]on-line network   [5]cool, connected (lit. *"plugged in"*)

AVEZ-VOUS COMPRIS?

Complétez chaque phrase suivante avec la réponse correcte.

1. En France, il est interdit de travailler...
   a. si on a moins de 18 ans
   b. sans l'autorisation de votre père
   c. pour moins de 38 francs l'heure

2. Agnès travaille...
   a. à FreeTime
   b. à Pizza Presto
   c. au Croissant Chaud

3. Djamila travaille comme...
   a. caissière
   b. serveuse
   c. livreuse de pizzas

4. Pour réussir au travail, Agnès et Djamila pensent qu'il faut avoir...
   a. un bon sens des contacts humains
   b. plusieurs années d'expérience
   c. une bonne présentation (*appearance*)

5. Un job qu'un jeune ne pourrait pas tenir est...
   a. vendeur (vendeuse) de vieux objets
   b. chauffeur de taxi
   c. gardien(ne) d'enfants

EXPÉRIENCE PERSONNELLE

Maintenant, vous connaissez un peu les jobs d'Agnès et de Djamila. Et vous, avez-vous un job? Choisissez le job d'Agnès ou de Djamila puis comparez-en les responsabilités avec celles de votre job dans un tableau.

Les responsabilités...			
	de mon job	du job d'Agnès (de Djamila)	en commun
1.			
2.			
3.			
4.			

ENRICHISSEZ VOTRE VOCABULAIRE

Le travail

l'annonce (f.) ad
l'offre (f.) d'emploi job offer
le C.V. (Curriculum Vitae) résumé
l'entretien (m.) d'embauche job interview
l'expérience (f.) professionnelle previous experience
le contrat contract
l'emploi (m.) job

l'employé(e) employee
l'employeur / l'employeuse employer
le salaire salary
le congé vacation; leave
la promotion promotion
la retraite retirement
la démission resignation
le licenciement dismissal
le chômage unemployment

être en congé to be on vacation, on leave
être promu(e) to be promoted
partir en retraite to retire
démissionner to resign
être licencié(e) to be dismissed, fired
être au chômage to be unemployed

Les jobs des jeunes • 5

Activité 1 QU'EST-CE QUE VOUS FAITES? ET QUAND?

Vous cherchez un job parce que vous avez besoin d'argent de poche.
Que faites-vous? Mettez les étapes (*stages*) de votre recherche dans
le bon ordre.

A. Vous allez à une interview.

B. Vous surfez sur l'Internet, sans résultat.

C. Vous attendez deux semaines.

D. Félicitations! Vous êtes engagé(e).

E. On vous appelle pour une interview.

F. Vous rédigez (*write*) votre C.V.
et vous l'envoyez à la compagnie
d'assurances.

G. Vous lisez les annonces du journal.
Une compagnie d'assurances
cherche un étudiant pour sa
campagne de marketing. Cela vous
semble intéressant.

H. Vous décrivez vos qualifications
professionnelles.

Activité 2 LA VIE PROFESSIONNELLE

Faites correspondre la profession de la **Colonne A** au secteur
correspondant de la **Colonne B**. Utilisez un dictionnaire français
si nécessaire.

A	B
1. un(e) informaticien(ne)	a. la finance
2. un(e) serveur (-euse)	b. le droit
3. un(e) comptable	c. la restauration rapide
4. un(e) pharmacien(ne)	d. le commerce
5. un(e) vendeur (-euse)	e. l'électronique
6. un(e) banquier (-ière)	f. les services à domicile (*home*)
7. un(e) avocat(e)	g. la pharmacie
8. un(e) livreur (-euse)	h. les comptes

Activité 3 — UNE LETTRE D'INTÉRÊT

Robert cherche un job. Alors ce weekend il a lu les annonces et il a trouvé une offre d'emploi intéressante. Maintenant, il écrit une lettre d'intérêt, mais ce n'est pas facile. Aidez-le en complétant les phrases avec les mots de la liste.

formation	caisse
organisé	FreeTime
restauration rapide	C.V.
job	expérience
annonce	

Monsieur,

Je vous écris à propos de l' __1__ que j'ai vue dans le journal de dimanche. Je m'intéresse beaucoup au travail de __2__ . J'ai déjà reçu une __3__ complète et j'ai deux ans d' __4__ . En ce moment je travaille à __5__ mais j'ai envie de changer de __6__ . Je suis bien __7__ au travail et je sais préparer les hamburgers et travailler à la __8__ . Veuillez trouver ci-joint mon __9__ . Je vous prie d'agréer, Monsieur, l'expression de mes sentiments les meilleurs.

Robert Smith

Activité 4 — EXPRESSION PERSONNELLE

Préparez votre propre curriculum vitae en donnant les informations demandées. Quand vous avez fini, mettez vos idées en ordre selon le modèle.

> **CURRICULUM VITAE**
>
> [Votre nom]   [Votre adresse]
> [Votre numéro de téléphone]
>
> **LANGUES:** [Faites la liste des langues que vous parlez (n'oubliez pas le français!).]
>
> **LYCÉE:** [Le nom de votre lycée et vos matières principales]
>
> **EXPÉRIENCE:** [Décrivez votre expérience professionnelle. Donnez les dates et une brève description de vos responsabilités pour chaque job.]
>
> **POSTE SOUHAITÉ:** [Donnez le nom d'un emploi que vous aimeriez tenir.]
>
> **RÉFÉRENCES:** sur demande

Note CULTURELLE

Le café est un lieu de rencontre populaire en France. Le premier date de 1686. Cette année-là, un Italien appelé Francesco Procopio décide d'ouvrir une boutique à Paris pour vendre du café. Il l'appelle *Le Procope*. Ce café est fréquenté par des personnalités comme Voltaire, Benjamin Franklin et Victor Hugo. Aujourd'hui *Le Procope* est un bon restaurant. Comme décor il y a le bureau (*desk*) de Voltaire et la table de Rousseau. Si vous allez à Paris, visitez ce monument historique!

STRATÉGIE DE LECTURE

● Ce texte parle d'une interprète et d'un traducteur. Avant de lire, refléchissez aux qualités nécessaires pour faire ces deux métiers.

À VOUS

Donnez votre opinion personnelle.

1 Quelqu'un qui connaît une langue étrangère très bien peut travailler comme…

a. interprète
b. traducteur ou traductrice
c. a ou b

2 L'interprétation et la traduction…

a. sont deux choses complètement différentes
b. ont des similarités
c. sont identiques

3 L'O.N.U. a…langues officielles.

a. deux
b. six
c. dix

Les langues étrangères au travail

UNE VISITE À L'O.N.U.

L'Organisation des Nations unies (O.N.U.) existe depuis 1945. Le siège[1] des Nations unies est à New York. C'est une vaste organisation multilingue avec des employés de différentes nationalités. Quelles langues utilisent-ils pour travailler?

SIX LANGUES

L'O.N.U. a six langues officielles: l'anglais, le français, l'arabe, le chinois, l'espagnol et le russe. Le français et l'anglais sont les langues de travail. Ces différents langages nécessitent les services d'employés spécialisés dans les professions linguistiques. Il y a des traducteurs[2] et des interprètes pour traduire[3] les textes et les discours.[4] Il y a aussi des réviseurs et des lecteurs[5] pour vérifier la qualité des traductions et corriger les textes.

[1]headquarters [2]translators [3]to translate [4]speeches [5]proofreaders

VOCABULAIRE

un traducteur, une traductrice Un traducteur traduit les textes et les documents d'une langue à une autre.

un réviseur, une réviseuse Un réviseur corrige un texte. Il vérifie la qualité des traductions et corrige les erreurs, par exemple.

un traité Un document qui décrit un accord entre deux pays (ou plus) s'appelle un traité.

une date limite Un journaliste a une date limite pour écrire son article. C'est la date à laquelle il doit donner son article.

INTERPRÉTATION ET TRADUCTION

L'interprétation et la traduction sont deux professions différentes.
Les interprètes traduisent oralement et simultanément ce que dit
une personne. Les traducteurs traduisent des textes écrits. Pour obtenir
l'un de ces postes à l'O.N.U., il faut parler trois langues (dont le français
et l'anglais) et passer un concours[1] très difficile. Nous avons rencontré
une interprète et un traducteur à l'O.N.U. Ils parlent de leur profession.

Profession: Interprète

Bonjour! Je m'appelle Marie-Claire et je suis interprète aux Nations
unies à New York. Ici, nous sommes 118 interprètes permanents plus
les temporaires, engagés quand il y a des réunions extraordinaires.
Mon travail consiste à traduire simultanément
ce qu'un orateur[2] dit lors[3] des réunions
ou des comités de travail. J'interviens aussi
quand deux personnes de langues différentes
désirent communiquer. Je parle français,
anglais et espagnol, mais j'interprète de
l'anglais au français.

Les interprètes
travaillent à l'O.N.U.

L'interprétation simultanée

Pour travailler, je suis dans une cabine avec
un micro et un écouteur. Nous sommes deux
dans la cabine et nous alternons: chacun
interprète pendant une demi-heure. C'est
nécessaire car le travail est très stressant et fatigant. Il faut faire très
attention à ce qui est dit et traduire instantanément. Cela demande
beaucoup de concentration. Après une demi-heure, on commence à
faire des erreurs. C'est pourquoi nous nous relayons.[4] En général,
les réunions durent entre deux et trois heures. Ensuite nous avons
une demi-journée de libre pour nous relaxer, mais surtout pour
préparer la réunion suivante. En effet, on sait d'avance le thème de
la prochaine réunion. Cela permet de réviser le vocabulaire approprié.

[1]competitive exam   [2]speaker   [3]during   [4]take turns

Les langues étrangères au travail • **9**

Les difficultés de l'interprétation

Si je ne sais pas comment traduire un mot, je n'ai pas le temps d'hésiter et de chercher la traduction exacte. Alors si c'est un mot technique, je le laisse en anglais. Sinon le contexte m'aide à trouver un mot équivalent ou mon collègue me donne un papier où il a écrit le mot! La plus grande difficulté est la rapidité. Les orateurs parlent très vite parce qu'ils ont un temps de parole limité. En plus, on fait plusieurs choses à la fois: on écoute l'orateur, on traduit et on s'écoute soi-même[1] pour vérifier sa prononciation et la qualité de sa traduction. Mais ce qui est remarquable, c'est que dans la salle, les délégués travaillent en six langues différentes. Cela ne se remarque pas, sauf pour le petit écouteur en plastique qu'ils ont dans l'oreille.

Profession: Traducteur

Bonjour! Mon nom est Peter Chang et je suis l'un des 323 traducteurs aux Nations unies à New York. Je parle anglais, français et chinois. Je traduis des textes chinois en anglais. Contrairement à l'interprétation, on traduit toujours dans sa langue maternelle. Nous traduisons les rapports, les traités et différentes publications. La plupart des traducteurs ont déjà une expérience professionnelle et un diplôme universitaire. L'O.N.U. assure ensuite une formation complémentaire pour les familiariser avec son service et son système de traduction.

Le travail du traducteur

Nous travaillons le jour... et la nuit! Certains documents doivent être traduits la nuit pour être disponible le lendemain d'une réunion. Il faut aussi parfois travailler le weekend. Les principales difficultés que je rencontre sont le manque de temps (les dates limites sont très courtes) et certains documents qui sont mal écrits ou obscurs. Pour être traducteur, il ne suffit pas de savoir parler, il faut aussi savoir écrire!

LES POSSIBILITÉS D'EMPLOIS

L' O.N.U. organise régulièrement des concours de recrutement. Elle offre aussi des possibilités de stage à certains étudiants. Si vous voulez en savoir plus, allez à la page de l'O.N.U. sur l'Internet. Bonne chance!

---

[1] oneself

AVEZ-VOUS COMPRIS?

Complétez chaque phrase suivante avec la réponse correcte.

1. Trois des six langues officielles de l'O.N.U. sont...
   a. le français, l'arabe et le russe
   b. le français, le japonais et l'anglais
   c. l'anglais, l'espagnol et l'italien

2. Les interprètes traduisent...
   a. des textes et des documents
   b. ce que dit une personne
   c. les sous-titres des films documentaires

3. Les traducteurs traduisent...
   a. des textes écrits
   b. des discours sur cassette
   c. ce qui est dit pendant une réunion

4. Pour Marie-Claire, la plus grande difficulté au travail...
   a. est les gens difficiles
   b. est de comprendre le français
   c. est la rapidité des discours

EXPÉRIENCE PERSONNELLE

Maintenant vous connaissez un peu Marie-Claire et Peter. Et vous, avez-vous jamais eu des problèmes à comprendre le français? Qu'est-ce que vous avez fait dans ce cas? Sur une feuille de papier, complétez cette page de journal.

- *Quand je ne comprends pas un mot de français, je...*
- *Quand Marie-Claire n'arrive pas à trouver la traduction correcte d'un mot en français, elle...*
- *Quand j'ai beaucoup de devoirs de français et peu de temps je...*
- *Quand Peter a une date limite très courte il...*

ENRICHISSEZ VOTRE VOCABULAIRE

la réception *reception*
le bureau d'accueil *front desk*
le/la réceptionniste *receptionist*
accueillir les clients *to greet the customers*
répondre au téléphone *to answer the phone*
prendre un message *to take a message*
le/la secrétaire *secretary*
le classement *filing*
le traitement de texte *word processing*
traduire *to translate*
la traduction *translation*
le traducteur/la traductrice *translator*
le traducteur *translation software*

la PAO (la publication assistée par ordinateur) *desktop publishing*
taper un document *to type a document*
faire une photocopie *to make a photocopy*
faxer *to fax*
réviser un document *to edit a document*
le cadre *executive*
le directeur/la directrice *manager*
le/la comptable *accountant*
gérer *to manage*
interpréter *to interpret*
l'interprétation (f.) *interpretation*
l'interprète (m./f.) *interpreter*
l'interpréteur (m.) *interpretation software*

Activité 1 — LA VIE PROFESSIONNELLE

Faites correspondre les professions de la **Colonne A** avec les activités professionnelles de la **Colonne B**.

A	**B**
1. le secrétaire	a. traduire
2. l'interprète	b. prendre une décision
3. le cadre	c. imprimer un document
4. le directeur/la directrice	d. s'occuper des finances
5. le/la réceptionniste	e. gérer
6. le traducteur/la traductrice	f. interpréter
7. le/la comptable	g. accueillir les clients

Activité 2 — LES ABRÉVIATIONS

Est-ce que vous savez ce que ces abréviations veulent dire en français? Utilisez un dictionnaire français si nécessaire.

S.N.C.F.	R.S.V.P.
M.	T.S.V.P.
MM.	TGV
R. de C.	C-à-d.
R.F.	Mlle

Activité 3 — LA TRADUCTION

Parfois, la traduction pose des problèmes. Les mots de cette liste se ressemblent, n'est-ce pas? En réalité, il existe des différences de sens entre les mots de chaque paire. Pouvez-vous dire lesquelles? Pouvez-vous aussi dire quelle est la différence entre les mots?

1. pêcher ≠ pécher
2. la mer ≠ la mère
3. la mémoire ≠ un mémoire
4. une balade ≠ une ballade
5. un livre ≠ une livre
6. le comte ≠ le conte

④ QUI A DIT QUOI?

Lisez chaque phrase suivante. Puis décidez qui l'a dite:
Marie-Claire ou Peter? Essayez de ne pas regarder le texte!

A. Mon travail consiste à traduire ce qu'un orateur dit lors des réunions.

B. Nous travaillons le jour... et la nuit!

C. La plus grande difficulté est la rapidité.

D. Je parle français, anglais et espagnol, mais j'interprète de l'anglais au français.

E. L'O.N.U. assure une formation complémentaire pour familiariser les traducteurs avec son service et son système.

⑤ EXPRESSION PERSONNELLE

Imaginez que vous organisez un voyage avec deux de vos amis, Paul et Charlotte. Vous parlez anglais tous les trois. Vous, vous parlez aussi français. Paul connaît l'espagnol et l'arabe. Charlotte parle aussi portugais.

Choisissez deux partenaires pour jouer les rôles de Paul et Charlotte. Quels pays allez-vous visiter? Dans quels pays est-ce que vous pouvez vous faire comprendre? Qui va traduire quoi? Utilisez un diagramme pour montrer *(show)* vos solutions.

PAYS	LANGUES	INTERPRÈTE
Le Maroc	français, arabe	Paul, moi

Note CULTURELLE

L'Organisation des Nations unies (O.N.U.) aide les pays en voie de développement, maintient la paix internationale et résout *(solves)* les conflits sociaux et humains. Le siège principal de l'O.N.U. est à New York. D'autres agences spécialisées de l'O.N.U. sont dans d'autres pays. Par exemple, Unesco *(United Nations Educational, Scientific and Cultural Organization)* est à Paris, en France et l'O.M.S. *(Organisation mondiale de la santé)* est à Genève, en Suisse.

CHAPITRE 2

LES SCIENCES

STRATÉGIE DE LECTURE

● Ce texte contient beaucoup de termes scientifiques. Vous remarquerez que ces termes sont souvent très semblables à l'anglais.

À VOUS

Donnez votre opinion personnelle.

1 Marie Curie est d'origine...

a. française
b. polonaise
c. suisse

2 Marie Curie a découvert...

a. l'aluminium
b. l'argent
c. le radium

3 Marie Curie a reçu le prix Nobel...fois.

a. une
b. deux
c. trois

Marie Curie, une femme de science extraordinaire

Un rêve de jeune fille

La jeune fille est gouvernante dans une famille de Pologne. Elle vient de finir sa journée de travail. Il est tard, mais elle ouvre son livre de physique et commence à étudier dans sa petite chambre comme tous les soirs. À dix-huit ans, elle rêve d'étudier les sciences. La jeune Marie Curie est loin d'imaginer qu'elle recevra deux prix Nobel et deviendra une scientifique célèbre!

VOCABULAIRE

une chaire Un professeur d'université a **une chaire** qui correspond à sa spécialité. Si un professeur enseigne la chimie à l'université, il a **la chaire** de chimie.

la radiologie **La radiologie** est la partie de la médecine qui utilise les rayons X pour arriver à un diagnostic. Si vous avez un accident, **la radiologie** aide à déterminer si vous avez des fractures.

améliorer Si on n'est pas satisfait de quelque chose et on veut de meilleurs résultats, on fait des efforts pour **améliorer** la situation. Quand on **améliore** une situation, on la change en mieux.

une gouvernante Une **gouvernante** est une femme qui s'occupe des enfants pendant que les parents ne sont pas à la maison. Dans certains cas, **la gouvernante** fait aussi des tâches domestiques. Mary Poppins est **une gouvernante** assez connue.

partager Quand on divise un gâteau en plusieurs parts pour en donner à ses amis, on **partage** le gâteau. D'une façon plus abstraite, il faut **partager** son temps quand il y a beaucoup de choses à faire. On le **partage** entre les heures d'école, les heures en famille et les heures de loisir.

La passion des études

Marie Curie est née Marie Sklodowska à Varsovie,[1] Pologne, en 1867. Adolescente, elle désire faire des études, mais l'université de Varsovie est fermée aux femmes. En effet, à l'époque, les femmes ne sont ni encouragées ni préparées pour l'université. Marie décide qu'elle ira étudier à Paris, en France. D'abord elle travaille dur pour obtenir l'équivalent du baccalauréat français. Enfin, en 1891, le rêve de Marie devient réalité. Elle part pour Paris où elle est l'une des rares étudiantes acceptées à l'université de la Sorbonne.

À la Sorbonne, Marie a peu d'amis. Elle n'a pas le temps! Elle écrira[2] plus tard: «Toute ma vie tournait autour de mes études. Je partageais mon temps entre les cours, les travaux pratiques et la bibliothèque.» Mais elle apprécie de pouvoir enfin étudier sérieusement. «C'était comme si un monde nouveau s'ouvrait devant moi, le monde de la science,» expliquera-t-elle. En 1894, Marie a sa licence[3] de sciences plus une licence de mathématiques. Un an plus tard, elle se marie avec le chimiste Pierre Curie et commence sa longue et illustre carrière.

Marie Curie fait des expériences dans son laboratoire.

Deux découvertes

Pierre et Marie Curie travaillent dans un laboratoire rudimentaire. C'est un hangar[4] situé dans l'école où Pierre est professeur. Les meubles sont vieux et le confort inexistant. Quand il fait froid à l'extérieur, il fait froid à l'intérieur! Marie réalise ses expériences[5] sur une table en bois. Bientôt ses recherches donnent des résultats remarquables. En 1898, elle découvre un nouveau métal qu'elle appelle le polonium en hommage à son pays natal. Puis, avec Pierre, elle découvre un nouvel élément: le radium.

[1]Warsaw   [2]will write   [3]graduate degree   [4]shed   [5]experiments

Le prix Nobel

Marie Curie introduit un nouveau mot dans le langage scientifique: «radioactif.» Elle concentre ses expériences sur le radium, un élément métallique radioactif très rare qu'on trouve dans l'uranium. Son travail rigoureux et innovateur est récompensé en 1903 par le prix Nobel de physique, qu'elle partage avec Pierre. C'est la première fois qu'une femme gagne ce prix prestigieux. Cela attire l'attention des journalistes qui mettent en question le rôle des femmes et leur capacité à travailler dans des domaines jusqu'alors[1] réservés aux hommes. Marie ignore ces commentaires. Ses collègues connaissent la vérité. Pour eux, Marie Curie est une chimiste de génie.

Trop de prix!

Marie utilise l'argent de son prix Nobel pour améliorer son laboratoire et pour aider les étudiants polonais. En 1906, après la mort de son mari, l'université de la Sorbonne offre à Marie le poste de professeur que Pierre occupait. Elle est ainsi la première femme à obtenir une chaire à la Sorbonne. En 1911, l'Académie des Sciences de Paris refuse sa candidature – sous prétexte qu'elle a gagné trop de prix! Marie est désolée, mais quelques mois plus tard elle reçoit le prix Nobel de chimie. Elle est la première personne à avoir deux prix Nobel!

Les actions généreuses

Pendant la première guerre mondiale, Marie organise le premier service mobile de radiologie pour soigner les soldats blessés. De plus, elle investit l'argent de son second prix Nobel dans des bons de la Défense nationale.[2] Elle donne également de l'argent pour aider les soldats polonais et les familles pauvres. Elle trouve même le temps de tricoter[7] pour les soldats!

Une scientifique toujours honorée

Après la guerre, Marie reprend ses recherches. Mais elle est malade à cause de sa longue exposition aux radiations. Marie Curie meurt en 1934. Les découvertes de cette pionnière scientifique ont influencé la science moderne. Grâce à Marie Curie, on peut aujourd'hui utiliser la radioactivité du radium dans le traitement du cancer. Récemment, le gouvernement français a choisi de représenter Marie Curie sur les billets de 500 francs. C'est un hommage supplémentaire à une femme de science extraordinaire.

[1] until then   [2] war bonds   [3] to knit

AVEZ-VOUS COMPRIS?

Complétez chaque phrase suivante avec la réponse correcte.

1. Marie Curie a appelé le métal qu'elle a découvert «le polonium» en hommage…
   a. au pays où elle est née
   b. à son mari
   c. à son université

2. Pierre Curie, le mari de Marie, était…
   a. physicien
   b. chimiste
   c. biologiste

3. Marie Curie a reçu le prix Nobel de physique en…
   a. 1898
   b. 1903
   c. 1911

4. Marie Curie a fait ses études à…
   a. l'université de Varsovie
   b. l'université de la Sorbonne
   c. l'université de Pologne

5. Pendant la première guerre mondiale, Marie Curie a organisé…
   a. un service mobile de radiologie
   b. les familles pauvres
   c. la Sorbonne

6. Marie avait une licence de…
   a. sciences et de mathématiques
   b. sciences
   c. mathématiques

EXPÉRIENCE PERSONNELLE

Pensez à tous les cours de sciences que vous avez déjà suivis: la chimie, la biologie, la physique, etc. Choisissez votre cours préféré et faites un diagramme comme celui-ci qui montre tous les mots français associés avec ce cours.

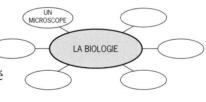

ENRICHISSEZ VOTRE VOCABULAIRE

Les métiers scientifiques

le chercheur/la chercheuse researcher
le laborantin/la laborantine laboratory assistant
le/la chimiste chemist
la recherche research
l'expérience (f.) experiment
l'analyse (f.) analysis
la découverte discovery
le virus virus
la cellule cell

l'ADN (m.) DNA
le physicien/la physicienne physicist
le généticien/la généticienne geneticist
le/la biologiste biologist
le chromosome chromosome
le gène gene
le microbe microbe; germ
le remède cure
le microscope microscope
l'éprouvette (f.) test tube

1 DEVINEZ QUI C'EST!

Qui a découvert/inventé les choses de la **Colonne A**?
Faites-les correspondre avec la (les) personne(s) appropriée(s)
de la **Colonne B**.

A	**B**
1. le radium	a. Marie Curie
2. le système de points en relief pour les aveugles	b. Karl Gerhardt
3. l'aspirine	c. Louis Braille
4. le polonium	d. Marie et Pierre Curie

2 DANS LE LABORATOIRE

Trouvez les mots appropriés d'**ENRICHISSEZ VOTRE VOCABULAIRE** pour compléter
les phrases suivantes.

1. Mlle Martin aide la scientifique dans le laboratoire. Elle est…

2. M. Lebrun veut savoir plus de détails sur un virus. Il fait de la…

3. Anne veut analyser les cellules. Pour les voir, elle se sert d'un…

4. Dr Simon est spécialiste. Il étudie les gènes, l'ADN et les chromosomes. Il est…

5. Dans son laboratoire rudimentaire, Marie Curie a réalisé ses… sur une table en bois.

6. Pierre a trouvé quelque chose de nouveau. Il a fait une…

3 LA VIE DE MARIE CURIE

Voici des extraits de la vie de cette pionnière scientifique. Mettez-les
dans l'ordre chronologique.

1. découvre le polonium

2. reçoit le prix Nobel de chimie

3. obtient une chaire à la Sorbonne

4. organise le premier service mobile de radiologie

5. reçoit sa licence de sciences et de mathématiques

6. reçoit le prix Nobel de physique

Activité 4 À VOTRE TOUR

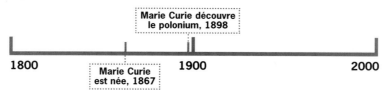

```
              Marie Curie découvre
              le polonium, 1898

 |_____|_____|_____|
1800              Marie Curie   1900              2000
                  est née, 1867
```

Faites des recherches pour trouver deux autres femmes qui sont/
étaient des scientifiques. Faites une chronologie (comme le modèle
donné) pour indiquer l'époque où ces femmes ont vécu par rapport
à celle de Marie Curie. Illustrez votre chronologie avec les inventions/
découvertes de ces scientifiques.

Activité 5 EXPRESSION PERSONNELLE

Imaginez que vous êtes scientifique
(ou bien inventeur/inventrice). Écrivez
une page de journal où vous décrivez
votre travail quotidien *(daily)* et les recherches
importantes que vous faites. Si vous êtes
inventeur/inventrice, parlez de votre invention
et faites-en une illustration.

Je suis...

Mon travail quotidien est...

Comme recherches je fais...

Mon invention/ma découverte est...

Note CULTURELLE

En 1935, une chimiste reçoit le prix Nobel.
C'est la deuxième femme à recevoir ce prix,
après Marie Curie. Qui est cette femme? C'est
Irène Joliot-Curie, la fille de Marie! Irène est née
à Paris en 1897. Pendant la première guerre
mondiale, elle est infirmière radiographe,
un nouveau métier créé par sa mère. Puis
elle devient chimiste. Ses recherches sur la
radioactivité et sur la physique nucléaire sont
récompensées par le prix Nobel de chimie.
En 1936, Irène est nommée sous-secrétaire
d'État à la recherche scientifique. Irène a
continué les recherches de Marie Curie.

STRATÉGIE DE LECTURE

• Souvenez-vous que le présent historique peut être utilisé pour exprimer des choses au passé.

À VOUS

Donnez votre opinion personnelle.

1 ...est le premier Français à partir dans l'espace.
  a. Patrick Baudry
  b. Jean-Loup Chrétien
  c. Jean-Jacques Favier

2 La...a été développée par la France.
  a. capsule *Apollo*
  b. station *Mir*
  c. fusée *Ariane*

3 Le Johnson Space Center se trouve à...
  a. Houston
  b. Moscou
  c. Kourou

Les Pionniers de l'espace

La conquête de l'espace	
4 octobre 1957	La Russie lance *Spoutnik*, le premier satellite artificiel.
12 avril 1961	Le Russe Youri A. Gagarine est le premier homme à voyager dans l'espace.
21 juillet 1969	L'Américain Neil Armstrong est le premier homme à marcher sur la lune.
17 juillet 1975	Premier rendez-vous spatial entre la capsule américaine *Apollo* et la capsule russe *Soyouz*
24 décembre 1979	Premier vol de la fusée française *Ariane*
12 avril 1981	Premier vol de la navette spatiale américaine *Columbia*
24 juin 1982	Jean-Loup Chrétien est le premier Français à faire un vol spatial.
4 juillet 1997	*Pathfinder* atterrit sur la planète Mars.

VOCABULAIRE

atterrir À la fin d'un vol, un avion **atterrit**. Il descend pour prendre contact avec la terre et il **atterrit**.

décoller Un avion qui est en train de partir **décolle**. L'avion quitte la terre: il **décolle** pour commencer le voyage.

lancer On **lance** une fusée pour commencer une mission dans l'espace. Quand on **lance** une fusée, on l'envoie avec beaucoup de force dans l'atmosphère.

s'entraîner Les astronautes **s'entraînent** avant de partir dans l'espace. L'**entraînement** les prépare à accomplir leur mission dans l'espace.

Un rendez-vous spatial

5, 4, 3, 2, 1... La navette[1] spatiale *Atlantis* décolle dans un nuage de fumée blanche. Ses sept astronautes ont rendez-vous avec la station russe *Mir* dans l'espace. Ils vont ramener[2] les résultats de plusieurs expériences sur Terre et transférer de l'équipement. L'un de ces astronautes est français. Il s'appelle Jean-Loup Chrétien et est un vétéran de l'espace.

Le premier Français dans l'espace

Jean-Loup Chrétien est le premier Français à partir dans l'espace en 1982, sur le vol *Soyouz*. Il est aussi le premier Européen à faire une sortie dans l'espace. Après son entraînement au Centre Russe de Préparation des Cosmonautes Youri A. Gagarine (plus connu sous le nom de Cité des Étoiles, près de Moscou), il accomplit plusieurs missions en coopération avec les Russes. Puis Jean-Loup Chrétien est recruté par la NASA. Il va au Johnson Space Center à Houston qui le prépare à être spécialiste de mission sur le vol *Atlantis*. Mais Jean-Loup n'est pas le seul Français de la NASA.

Jean-Loup Chrétien,
astronaute français

Les Français à la NASA

En 1996, Jean-Jacques Favier participe à la mission la plus longue pour une navette spatiale. Il passe 17 jours à bord de *Columbia*. Pendant son séjour dans l'espace, il a communiqué avec une école primaire française en direct de *Columbia*.

D'autres astronautes français travaillent avec la NASA. Il y a Jean-François Clervoy par exemple. Ce fan de sports aériens est spécialiste de mission sur la navette *Atlantis* en 1994. Il a reçu la médaille "Space Flight" de la NASA comme son collègue Patrick Baudry.

Patrick Baudry est un Français né au Cameroun en Afrique. C'est un pilote exceptionnel. Il a piloté plus de 150 types d'avions! Comme Jean-Loup Chrétien, il a suivi un entraînement à la Cité des Étoiles avant d'être recruté pour le premier vol franco-américain sur la navette *Discovery* en 1985. Pour partager sa passion, il a créé le premier Space Camp européen et l'Association des Astronautes européens.

[1]shuttle   [2]to bring back

L'entraînement

Où sont ces astronautes européens? Beaucoup participent aux missions *Soyouz*, comme Claudie André-Deshays. Cette scientifique est la première femme française astronaute. Elle a séjourné dans la station *Mir* en 1996. Il y a aussi Michel Tognini qui est astronaute, mathématicien, pilote, ingénieur et colonel de l'armée de l'air française! Après un séjour de 14 jours dans la station *Mir*, Michel est parti au Johnson Space Center où il attend sa nouvelle mission avec impatience.

Avant de partir à Houston ou à Moscou, les astronautes français s'entraînent en France. Ils effectuent[1] des vols sur des avions de combat et font des stages de sport. Ils pratiquent aussi les langues étrangères, surtout le russe et l'anglais. L'entraînement dure entre 18 et 24 mois. Claudie André-Deshays dit: «J'ai suivi un entraînement physique intensif pendant 18 mois sur simulateur, dans une centrifugeuse géante, en piscine, etc. Cela réclame[2] une énergie extrême.»

La fusée *Ariane*

La France a son propre programme spatial représenté principalement par la fusée *Ariane*. Depuis 1973, *Ariane* est utilisée pour placer des satellites en orbite. La base de lancement est située à Kourou, en Guyane, un département français en Amérique du Sud. Le Centre spatial guyanais est maintenant considéré comme le port spatial de l'Europe.

Le futur dans l'espace

En plus du programme *Ariane*, la France participe à plusieurs projets. Il y a d'abord le *Spacelab*, un laboratoire spatial qui résulte de la coopération entre la NASA et l'ESA (European Space Agency). Lancé en 1983, *Spacelab* permet aux scientifiques de faire des recherches dans des conditions d'apesanteur.[3]

Il y a aussi le projet de la station spatiale internationale *Alpha*, prévue[4] pour le 21e siècle. La France est chargée du module laboratoire habité et du véhicule de transfert automatique. Ce véhicule sera probablement lancé par *Ariane* vers 2002. À bord de la station, il y aura un équipage[5] international et des laboratoires américains, russes, européens et japonais. *Alpha* sera la frontière finale de la Terre. Quelle sera la prochaine destination?

[1]execute [2]requires [3]weightlessness [4]planned [5]crew

AVEZ-VOUS COMPRIS?

Complétez chaque phrase suivante avec la réponse correcte.

1. Jean-Jacques Favier a passé…
   jours à bord de *Columbia*.
   a. 7
   b. 14
   c. 17

2. Le premier Européen à faire
   une sortie dans l'espace est…
   a. Jean-Loup Chrétien
   b. Jean-François Clervoy
   c. Michel Tognini

3. La base de lancement de la fusée
   Ariane est à…
   a. Kourou
   b. Houston
   c. Moscou

4. *Mir* est une…russe.
   a. fusée
   b. station spatiale
   c. navette

5. Quand ils s'entraînent, les astronautes
   français étudient surtout…
   a. le français et le russe
   b. l'anglais et le français
   c. le russe et l'anglais

6. La station spatiale internationale
   qui est prévue pour le 21e siècle
   s'appelle…
   a. *Alpha*
   b. *Ariane*
   c. *Columbia*

EXPÉRIENCE PERSONNELLE

Vous connaissez maintenant quelques
astronautes français. Ces personnes ont
poursuivi et réalisé leur rêve de voyager dans
l'espace. Quels sont vos rêves? Décrivez vos
rêves pour le futur et ce que vous comptez faire
pour les réaliser, puis comparez vos réponses
avec celles de votre partenaire en vous servant d'un diagramme.

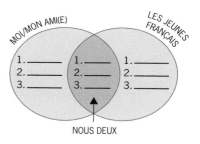

ENRICHISSEZ VOTRE VOCABULAIRE

l'espace (m.) *space*
la planète *planet*
la comète *comet*
la Terre *Earth*
le décollage *takeoff*
l'atterrissage (m.) *landing*
l'alunissage (m.) *moon landing*
l'orbite (f.) *orbit*

la fusée *rocket*
la navette spatiale *space shuttle*
le satellite *satellite*
l'astronaute (m./f.) *astronaut*
l'équipage (m.) *crew*
l'apesanteur (f.) *weightlessness*
la sortie dans l'espace *space walk*
la combinaison spatiale *space suit*

1 LA CONQUÊTE DE L'ESPACE

Référez-vous à la chronologie de la conquête de l'espace de
la page 20. Faites correspondre les années de la **Colonne A**
avec les événements appropriés de la **Colonne B**.

A	B
1. 1979	**a.** marche du premier homme sur la lune
2. 1961	**b.** premier vol de *Columbia*
3. 1997	**c.** premier vol d'*Ariane*
4. 1981	**d.** lancement de *Spoutnik*
5. 1969	**e.** voyage du premier homme dans l'espace
6. 1957	**f.** atterrissage de *Pathfinder* sur Mars

2 L'ESPACE

Complétez les phrases suivantes avec les mots
appropriés de la liste.

planètes	combinaisons spatiales
Terre	sortie dans l'espace
navette spatiale	alunissage
fusée	décollage

1. Mercure, Vénus, Mars, Jupiter, Saturne,
   Uranus, Neptune, Pluton et la…sont
   les neuf grandes…du système solaire.
2. Les astronautes qui effectuent des vols dans l'espace portent des…
3. *Columbia* est un exemple de…
4. L'Américain Neil Armstrong est un des premiers hommes
   à faire une…
5. *Ariane* est une…qui est utilisée pour placer des satellites en orbite.
6. Quand une fusée atterrit sur la lune, c'est un…

3 PÉRIL! (JEOPARDY!)

Posez les questions qui ont donné les réponses suivantes: pour
chaque phrase, donnez une brève description en forme de question.

Modèle: C'est la Terre. *Quelle est la planète où habitent les êtres
humains?*

1. C'est un astronaute.
2. C'est une combinaison spatiale.
3. C'est une fusée.
4. C'est un alunissage.
5. C'est une étoile.
6. C'est une navette spatiale.

À VOTRE TOUR

Choisissez un(e) des astronautes mentionné(e)s dans ce texte. Faites des recherches sur cette personne pour en savoir plus. Imaginez que vous allez préparer une interview écrite avec cette personne pour un magazine sur les programmes spatiaux. Vous devrez lui poser au moins cinq questions. Écrivez l'interview puis, si c'est possible, illustrez votre article avec une photo de cet(te) astronaute. Vous pourrez certainement en trouver une sur l'Internet ou bien dans une encyclopédie.

EXPRESSION PERSONNELLE

Imaginez que vous êtes astronaute et que c'est votre premier voyage dans l'espace. Vous passez quelques semaines dans une station spatiale pour faire des expériences sur une planète inconnue que vous orbitez. Qu'est-ce que vous essayez de déterminer? Combien êtes-vous dans l'équipage? Faites-vous des sorties dans l'espace? Comment sont les combinaisons spatiales? Écrivez un paragraphe (imaginez que c'est une page de votre journal personnel) qui décrit vos aventures.

J'essaie de déterminer...

On est...dans l'équipage.

Les combinaisons spatiales sont...

On va rester... (semaines/ mois) dans l'espace.

Note CULTURELLE

La Guyane française est située en Amérique du Sud, entre le Brésil et le Surinam. C'est le seul département français en Amérique latine. C'est une région tropicale où domine la forêt amazonienne. Cayenne, la capitale, a été fondée en 1643. La Guyane a été une colonie pénitentiaire jusqu'en 1936. En 1964, le Centre spatial guyanais est créé. Le site de Kourou est opérationnel en 1968 et devient la base de lancement des fusées françaises *Ariane*.

STRATÉGIE DE LECTURE

● Si vous connaissez un mot français, vous pouvez comprendre d'autres mots qui y sont apparentés (*related*). Cherchez tous les mots qui sont apparentés à **patin**.

À VOUS

Donnez votre opinion personnelle.

1 Deux exemples de sport sur glace sont...

   a. le foot et le hockey
   b. le hockey et le patinage
   c. le ski et le patinage

2 Le ski, le hockey et le patinage font partie des Jeux Olympiques de (d')...

   a. hiver
   b. été
   c. printemps

3 Le synonyme de défaite est...

   a. gloire
   b. victoire
   c. perte

Difficile d'être champion

Peu d'athlètes deviennent des superstars du sport. Les athlètes font face à de nombreux obstacles. Ils sont confrontés au stress des compétitions. Ils ont aussi des problèmes de santé causés par de fréquents exercices physiques très intensifs. Deux champions francophones de sport sur glace illustrent bien ces problèmes. Voici leur histoire.

SURYA BONALY,
star du patinage artistique

Surya Bonaly est une championne française du patinage artistique. Née en 1973 à Nice, elle met ses premiers patins à l'âge de deux ans. À treize ans, elle est championne junior de France de trampoline. Elle abandonne ensuite le trampoline car elle préfère le patinage artistique. Surya est cinq fois championne d'Europe de patinage artistique et elle est championne de France. Elle est classée deuxième à trois championnats du monde.

VOCABULAIRE

la douleur Si on ressent une souffrance physique, on dit qu'on a de **la douleur**.

une carrière **La carrière** de Mario Lemieux est celle de joueur de hockey sur glace. D'autres exemples de **carrières** sont médecin, professeur, acteur et auteur.

les patins Pour jouer au hockey, il faut porter des **patins** aux pieds. Avec les **patins**, on peut glisser (*glide*) sur la glace.

surmonter Quand on a un problème à résoudre (*to solve*), il faut le **surmonter**. Deux synonymes de **surmonter** sont vaincre et dominer.

MARIO LEMIEUX,
star du hockey sur glace

Mario Lemieux est un autre champion sur glace.
Ce Québécois est un joueur de hockey exceptionnel.
Né en 1965 à Montréal, il pratique le hockey depuis
son enfance. La NHL *(National Hockey League)*
le recrute en 1984. Il est centre pour les Penguins
de Pittsburgh. Comme Surya, sa carrière est fulgurante.[1]
Il gagne de nombreux trophées (cinq Art Ross, trois Hart)
et mène son équipe à la victoire lors de deux coupes
Stanley. Les fans l'appellent Super-Mario.

Deux talents exceptionnels

Qu'est-ce que ces deux champions ont en
commun? D'abord ils ont tous les deux un talent exceptionnel.
À cause de son entraînement au trampoline, Surya est une
patineuse très athlétique. Elle est la seule à réaliser un quadruple
saut périlleux.[2] Elle est aussi la seule à faire une figure spectaculaire
sur glace: le saut périlleux arrière. Mario, lui, est reconnu comme
le meilleur joueur de hockey. Wayne Gretzky dit de lui en 1984:
«C'est le type[3] qui va prendre ma place!» En 1995, Mario marque son
500e but. Seuls dix-neuf joueurs avant lui ont battu ce record. Surya
Bonaly et Mario Lemieux sont donc vite des célébrités. Mais ils ne sont
pas sans problèmes.

Des débuts difficiles

Surya Bonaly passe son adolescence à s'entraîner. À treize ans, elle doit
suivre des cours par correspondance parce qu'elle n'a pas le temps
d'aller à l'école. Plus tard, elle considère les compétitions comme des
vacances. «À quinze ans j'avais déjà fait la moitié[4] du tour du monde,»
dit-elle.

Mario Lemieux, lui, quitte le Canada pour les USA. Il doit s'adapter à
une nouvelle culture et apprendre une nouvelle langue quand il vient
jouer à Pittsburgh en 1984. Ce Canadien francophone apprend l'anglais
en regardant la télévision!

---

[1]dazzling   [2]flip   [3]guy   [4]half

Deux personnalités différentes

Mario préfère la tranquillité de sa maison à la vie de star. Il signe des autographes, mais n'aime ni les interviews ni les photographes. Il est timide, simple et réservé. Surya, au contraire, a la réputation d'être difficile. On dit qu'elle a une mauvaise attitude. Elle se met en colère quand ses notes ne sont pas assez bonnes. Elle est aussi impulsive. Ainsi, aux championnats du monde de 1994 au Japon, elle refuse de porter sa médaille d'argent. Pourquoi? Parce qu'elle pense que le jury a décerné la médaille d'or à Yuka Sato injustement.

Des problèmes de santé

Mario Lemieux, lui, a de sérieux problèmes de dos, mais il continue à jouer. Il dit: «Je jouais avec un mal de dos si fort que je ne pouvais même pas lacer mes patins.» Il subit[1] deux opérations du dos qui créent une infection de la colonne vertébrale. Quand il reprend sa place dans l'équipe en 1991, il joue mieux qu'avant et les Penguins gagnent la coupe Stanley grâce à lui. Mais sa santé décline. En 1993, il apprend qu'il a un cancer. Il a beaucoup de détermination. Il lutte[2] et gagne sa bataille contre le cancer. Il redevient tout de suite une superstar de la glace. En 1997, il a un total de 609 buts et 873 "assists" pour 737 matchs. Un record!

Des risques

Surya Bonaly aussi apprend à surmonter la douleur. À Dortmund, en Allemagne, elle patine avec un orteil[3] cassé. En 1997, on lui recommande de ne pas participer au championnat d'Europe parce qu'elle a une rupture du tendon d'Achille droit. Surya n'écoute pas. Elle patine et c'est le désastre. Elle est classée 9e, ce qui est insuffisant pour la qualifier pour les championnats du monde. Après cette défaite, elle a un autre but: gagner une médaille d'or aux Jeux Olympiques de 1998. Elle y participe mais elle ne gagne pas de médaille.

Pas d'obstacle

Ces deux athlètes prouvent que les obstacles peuvent être surmontés et qu'il faut garder espoir. Pendant des années, Surya Bonaly et Mario Lemieux ont appris tous les deux qu'il faut travailler dur pour réaliser leurs rêves. Ils sont vraiment des superstars sur la glace!

[1]undergoes [2]fights [3]toe

APRÈS LA LECTURE...

AVEZ-VOUS COMPRIS?

Complétez chaque phrase suivante avec la réponse correcte.

1. Surya Bonaly est cinq fois championne d'Europe de...
   a. hockey sur glace
   b. patinage artistique
   c. trampoline-tumbling

2. Mario Lemieux est...
   a. québécois
   b. français
   c. américain

3. Surya Bonaly a commencé ses cours par correspondance à l'âge de…ans.
   a. 11
   b. 13
   c. 15

4. Pour Mario Lemieux, la télévision était un moyen de (d')...
   a. s'amuser
   b. écouter les informations
   c. apprendre l'anglais

5. Selon le texte, Mario Lemieux a un caractère assez...
   a. timide et réservé
   b. ouvert et dynamique
   c. impulsif et coléreux

6. En Allemagne, Surya Bonaly a patiné avec...
   a. un mal de dos
   b. une infection de la colonne vertébrale
   c. un orteil cassé

EXPÉRIENCE PERSONNELLE

Vous connaissez maintenant Surya Bonaly et Mario Lemieux. Est-ce que vous connaissez quelqu'un qui a les mêmes traits de caractère qu'eux? Quelles sont les différences? Quels traits avez-vous en commun avec Mario? avec Surya? Organisez vos comparaisons dans un diagramme comme celui-ci.

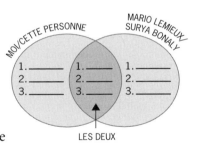

ENRICHISSEZ VOTRE VOCABULAIRE

le patinage artistique *ice-skating*
le patineur/la patineuse *ice skater*
patiner *to ice-skate*
le patinage de vitesse *speed-skating*
les patins à glace (m.) *ice skates*
la patinoire *skating rink*
le ski *skiing*

skier *to ski*
le skieur/la skieuse *skier*
les skis *skis*
la médaille *medal*
    (**d'or** *gold*/**d'argent** *silver*/**de bronze** *bronze*)
le podium *podium*
la pente de ski *ski slope*

Activité 1 — QU'EST-CE QUI NE VA PAS?

Dans chaque groupe, il y a un mot, une expression ou un nom qui ne va pas. Qui est l'intrus? Soyez prêt(e) à expliquer votre choix.

1. Surya Bonaly, timide, impulsive, championne
2. entraînement au trampoline, Mario Lemieux, coupes Stanley, réservé
3. médaille d'argent, orteil cassé, saut périlleux arrière, Mario Lemieux
4. patinage artistique, cinq fois championne d'Europe, née à Montréal, rupture du tendon d'Achille droit
5. les Penguins, un cancer, cinq trophées Art Ross, patineuse

Activité 2 — LE DICTIONNAIRE FRANÇAIS

Vous êtes en train d'écrire un petit dictionnaire français des termes relatifs aux Jeux Olympiques d'hiver. Lisez les définitions suivantes et trouvez le mot qu'elles décrivent.

1. un sport qui se joue avec une crosse et un palet
2. où un(e) champion(ne) monte pour recevoir sa médaille
3. ce qu'on descend quand on fait du ski
4. la récompense la plus importante des Jeux Olympiques
5. où les compétitions de patinage artistique ont lieu

Activité 3 — LES FAMILLES DE MOTS

Complétez les phrases suivantes avec les mots appropriés d'Enrichissez votre vocabulaire.

Le Ski

Quand il neige, j'adore $\underset{1}{\rule{1em}{0.4pt}}$. Je suis bonne $\underset{2}{\rule{1em}{0.4pt}}$. Mon frère aussi est bon $\underset{3}{\rule{1em}{0.4pt}}$. À la fin de la saison, on achète les $\underset{4}{\rule{1em}{0.4pt}}$ parce que les prix sont intéressants.

Le Patin

Surya Bonaly est une $\underset{5}{\rule{1em}{0.4pt}}$ très connue. Elle a sans doute plusieurs paires de $\underset{6}{\rule{1em}{0.4pt}}$ chez elle! Surya va souvent à la $\underset{7}{\rule{1em}{0.4pt}}$ pour $\underset{8}{\rule{1em}{0.4pt}}$.

Activité 4 À VOTRE TOUR

Cherchez dans les magazines sportifs, les journaux ou dans votre livre de français. Choisissez un(e) athlète francophone. Faites des recherches sur cet(te) athlète en vous servant de l'Internet ou d'une encyclopédie. Puis écrivez une petite biographie de cet(te) athlète en décrivant son sport, son entraînement, ses compétitions, ses problèmes, etc. Vous pouvez illustrer votre texte avec des photos relatives aux événements décrits.

Activité 5 EXPRESSION PERSONNELLE

C'est vous le prof! Vous allez choisir un sport qui vous intéresse, mais qui n'est pas mentionné dans le texte. Cherchez les mots de vocabulaire relatifs à ce sport puis écrivez ces mots et expressions dans un diagramme comme celui-ci. Ensuite, formez un groupe avec les autres membres de votre classe qui ont choisi le même sport. Ensemble, faites une présentation de votre sport à la classe. Préparez un examen de vocabulaire et distribuez-le aux autres élèves.

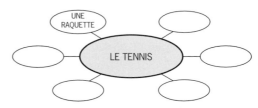

UNE RAQUETTE

LE TENNIS

Note CULTURELLE

Le hockey est probablement originaire du Canada. On pense que ce sport est dérivé du bandy, un jeu inventé par les Indiens Iroquois de l'Ontario. Le hockey moderne date des années 1870. Le premier match de hockey a eu lieu *(took place)* à Montréal le 3 mars 1875. La Ligue Nationale de Hockey (LNH ou NHL aux États-Unis) est née le 22 novembre 1917, aussi à Montréal. Les deux premières équipes américaines à faire partie de la nouvelle ligue sont les Bruins de Boston et les Pirates de Pittsburgh en 1925. Les Pirates deviendront plus tard les Penguins, l'équipe de Mario Lemieux. La coupe Stanley vient aussi du Canada. Elle est l'ultime trophée de hockey en Amérique du Nord depuis 1910. Le record de victoires appartient aux Canadiens de Montréal qui ont gagné la coupe Stanley pour la 24e fois en 1993!

STRATÉGIE DE LECTURE

● Dans ce texte vous allez trouver beaucoup de termes qui indiquent une action. Essayez de vous représenter ces mots visuellement pour mieux comprendre l'action décrite.

À VOUS

Donnez votre opinion personnelle.

1 Un sport typiquement français est le (l')...

 a. cyclisme
 b. skate-board
 c. aérobic

2 Le base-ball est un sport...en France.

 a. très populaire
 b. peu populaire
 c. classique

3 ...ont permis la création du street hockey.

 a. Les rollers
 b. Les skate-boards
 c. Les skis

L'invasion des sports américains en France

Dans les années 1980, les Français adoptent avec enthousiasme l'aérobic et le jogging, deux sports américains. Aujourd'hui, les jeunes Français se passionnent pour les street sports et les sports de glisse qui viennent aussi des États-Unis. Ces nouveaux sportifs ont leur mode et leur vocabulaire spécial. Découvrez-les ici!

LES STREET SPORTS

Le street soccer

Le street soccer est dérivé du football, le sport préféré des Français. Pas besoin d'équipement spécial pour jouer. Deux joueurs et un ballon rond sont suffisants pour organiser un match! Si on veut être chic, on met les T-shirts de l'équipe anglaise de foot de Manchester.

VOCABULAIRE

le casque Avant de faire du roller, on se met **un casque** sur la tête. **Le casque** protège la tête en cas d'accident.

la grève Des ouvriers (workers) qui ne sont pas contents de leurs conditions de travail font **la grève**. Faire **la grève** est un moyen de demander des salaires plus élevés et de meilleures conditions.

le palet Pour jouer au hockey, il faut une crosse et **un palet**. Généralement, **le palet** est noir et est en caoutchouc dur (hard rubber).

le saut Quand on s'élève (rises) en l'air, on fait **un saut**. Les kangourous sautent pour avancer.

la vague Une **vague** est le mouvement de l'eau causé par le vent. Il faut des **vagues** pour faire du surf. Hawaii est célèbre pour ses **vagues** impressionnantes.

Des jeunes Français font
du roller devant la Tour Eiffel.

Le roller

Le roller en ligne s'impose à Paris après
la grève générale de décembre 1995. Les
transports publics ne fonctionnant pas,
beaucoup vont au travail en rollers! Il y a des
compétitions comme le marathon de Paris
(12 miles en rollers) ou "Rennes sur Roulettes,"
une course de 26 miles dans la ville de Rennes.
Les riders (ceux qui pratiquent le roller)
portent des protège-poignets,[1] un casque et
des genouillères[2] quand ils se rencontrent sur
les spots (là où ils font du roller).

Le skate-board

Le skate-board apparaît en France vers 1960 à
Biarritz. C'est une ville du sud où le surf est
populaire. Au début, le skate-board permet
de surfer sans mer. Les skaters utilisent les
obstacles des rues ou des rampes pour faire
des acrobaties spectaculaires, comme **le flip**
(le skate tourne sur lui-même), **l'ollie** (un saut
où les pieds restent sur le skate) ou **le street
plant** (on pose les mains sur le skate à la place
des pieds). En plus des protections nécessaires
comme le casque, les skaters aiment porter
des pantalons et des T-shirts extra-larges
blancs, noirs ou gris.

Le street hockey

Les rollers ont permis la création du street
hockey. Ce sport nécessite l'usage de
genouillères, de coudières[3] et de protège-dents.
On y joue avec une crosse et un palet dans
les rues ou sur un terrain plat. À Paris, les
hockeyeurs jouent devant la cathédrale de
Notre-Dame. Ils portent des polos ou des
sweat-shirts avec fermeture éclair[4] sur des
shorts très larges aux couleurs vives. Si vous
jouez dans une ville française, faites attention
à ne pas **faire de pizza** (tomber par terre) si
vous avez **le vent de dos** (si vous allez très
vite) sur **le playground** (là où vous jouez)!

Le street basket

Aussi appelé le basket de rue, ce sport se
popularise en France après les matchs de
la Dream Team aux Jeux Olympiques de
Barcelone en 1992. Fascinés par des joueurs
comme Michael Jordan, les Français se
passionnent depuis pour le basket. Le street
basket est un sport facile qui nécessite peu
d'équipement. On joue à six, à deux ou seul.
Un basketteur dribble puis fait **un shoot**,
un smash ou **un dunk**.

[1]wrist guards   [2]knee guards   [3]elbow guards   [4]zipper

Un freestyler
de snowboard fait
des acrobaties.

LES SPORTS DE GLISSE

Le snowboard

Ce surf des neiges vient des adeptes du skate-board. Il y a deux styles de snowboard: **l'alpin** et **le freestyle**. Les adeptes du style alpin descendent les pentes[1] enneigées[2] sur une planche[3] étroite. Les freestylers préfèrent faire des acrobaties comme **le big jump**. Ils ont des planches et des chaussures plus souples que celles des alpins. Ils appellent les skieurs traditionnels les bipèdes, mais ils portent les mêmes vêtements: pantalons de ski et parkas colorées.

La raquette[4]

Beaucoup plus tranquille que le snowboard, la raquette permet de faire de longues promenades dans la neige. C'est un sport idéal pour découvrir l'écologie de la montagne car il permet de s'aventurer loin des pistes de skis. Les raquettes modernes sont très légères, en plastique ou en aluminium. On peut s'aider de bâtons de ski. Ce sport d'hiver exige des vêtements chauds. C'est pourquoi les blousons en laine[5] polaire sont populaires.

Le surf

Né à Hawaii, le surf arrive en Californie vers 1915, puis à Biarritz, en France, en 1936. Le premier club français de surf apparaît en 1959. Il s'appelle le "Waikiki Surf Club." En France, le surf se pratique surtout le long des côtes de l'Atlantique, dans le sud, où les vagues sont meilleures. Une planche de surf coûte entre 2 000 et 5 000 francs (400 et 1 000 dollars). Il ne faut pas oublier l'indispensable combinaison[6] et **le leash** (pour ne pas perdre votre planche)!

Américain ou français, l'origine d'un sport n'a pas beaucoup d'importance. Comme disait Pierre de Coubertin, le créateur des Jeux Olympiques modernes: «L'essentiel est de participer.» Et vous, quel sport faites-vous? Savez-vous si on le pratique en France?

[1]slopes [2]snowy [3]board [4]snowshoeing
[5]wool [6]wet suit

AVEZ-VOUS COMPRIS?

Complétez chaque phrase suivante avec la réponse correcte.

1. Le skate-board est…
   a. un sport de glisse
   b. un street sport
   c. un sport sur glace

2. On met un casque pour se protéger…
   a. la tête
   b. le coude
   c. le genou

3. Un skater qui fait **un ollie**…
   a. saute en restant les pieds sur le skate
   b. pose les mains sur le skate à la place des pieds
   c. tourne sur lui-même

4. Un exemple de sport de glisse est le (la)…
   a. street soccer
   b. roller
   c. raquette

5. Le surf se pratique souvent à…
   a. Biarritz
   b. Paris
   c. Barcelone

6. **L'alpin** et **le freestyle** sont deux styles de…
   a. snowboard
   b. roller
   c. street basket

EXPÉRIENCE PERSONNELLE

Vous savez maintenant que beaucoup de sports américains sont aujourd'hui très populaires en France. Utilisez un diagramme pour vous comparer avec les jeunes Français. Si vous ne pratiquez pas de sport, pensez à un(e) ami(e) qui en pratique un.

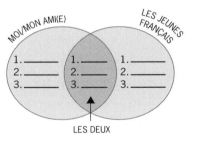

ENRICHISSEZ VOTRE VOCABULAIRE

le base-ball baseball
le batteur batter
le lanceur pitcher
l'attrapeur (m.) catcher
la manche inning
la batte bat
l'arbitre (m.) umpire
voler une base
   to steal a base
attraper la balle
   to catch the ball

le basket(-ball) basketball
le terrain court
le panier basket
le panneau board
la passe pass
le ballon ball
dribbler to dribble
lancer to throw

le cyclisme bicycling
le V.T.T. (Vélo Tout Terrain)
   mountain bike
le vélo de course racing bike
la selle seat
le guidon handlebars
la roue wheel
le pneu tire
freiner to brake
pédaler to pedal

1 QUEL SPORT?

Faites correspondre les mots de la **Colonne A** au sport approprié
de la **Colonne B**.

A	**B**
1. le street plant, le flip, l'ollie	a. le roller
2. le big jump, l'alpin, le freestyle	b. le street basket
3. un shoot, un dunk, un smash	c. le surf
4. les riders, les spots, «Rennes sur Roulettes»	d. le skate-board
5. les vagues, le leash, la combinaison	e. le snowboard

2 ON EST ACTIF!

Utilisez les mots d'**ENRICHISSEZ VOTRE VOCABULAIRE** pour compléter
les phrases suivantes.

1. Michel fait du cyclisme et il roule trop vite! Pour ne pas tomber,
   il ——.
2. Delphine et Aurélie jouent au street basket. Pour faire avancer
   le ballon, elles le ——.
3. Pete et Jill jouent au base-ball. Pete lance la balle et Jill l'——.
4. Un match de base-ball est divisé en 9 ——.
5. Quand on fait du vélo de course, on garde les mains sur le ——.
6. Philippe joue au basket. Il lance le ballon vers le —— pour marquer
   deux points.

3 PROTÉGEZ-VOUS!

Vous écrivez pour un journal sportif et vous allez y mettre une
annonce pour les protections sportives. Décidez quelle protection
est nécessaire pour protéger les parties du corps mentionnées.

1. Pour ne pas se faire mal aux dents, il faut mettre…
2. Pour ne pas se faire mal aux coudes, il faut mettre…
3. Pour ne pas se faire mal aux genoux, il faut mettre…
4. Pour ne pas se faire mal aux poignets, il faut mettre…
5. Pour ne pas se faire mal à la tête, il faut mettre…

4 À VOTRE TOUR

Formez des groupes. Chaque groupe choisit un sport différent
mentionné dans le texte. Imaginez que votre école va organiser
une nouvelle équipe pour ce sport. C'est à vous de créer des posters
qui annoncent l'implantation de ce sport dans votre école. Faites
un poster avec le plus de détails possible: dates/heures des essais,
équipement nécessaire, vêtements pratiques, qualités athlétiques
nécessaires, etc. Affichez vos posters dans le couloir de votre école.
Il est possible qu'un nouveau sport arrive chez vous!

^{Activité}

5 EXPRESSION PERSONNELLE

Vous avez déjà choisi un sport pour **À VOTRE TOUR**. Maintenant,
imaginez que vous êtes rédacteur *(editor)* sportif (rédactrice sportive)
pour le journal de votre école. Vous écrivez un article pour faire
la publicité de ce nouveau sport. En vous servant d'un organigramme,
décrivez tous les détails importants de la démonstration. Puis rédigez
(write) votre article. Réalisez une «page sportive» complète en
regroupant tous les articles de la classe.

Démonstration de snowboard	⟹	1. vendredi, le 2 janvier

Note CULTURELLE

Le Tour de France est une course cycliste
très difficile qui existe depuis 1903.
Courue par étapes *(stages)*, la course fait
plus de 2 000 km (1 242 miles) de long.
On reconnaît le leader du Tour parce qu'il
porte le maillot *(jersey)* jaune. Le point de
départ varie chaque année, mais l'arrivée
est toujours sur les Champs-Élysées à
Paris. Parmi les célébrités du Tour, on
compte l'Américain Greg Lemond qui a
gagné trois fois, en 1986, 1989 et 1990.

STRATÉGIE DE LECTURE

● Il y a plusieurs personnages dans le texte. Notez les noms pendant que vous lisez.

À VOUS

Donnez votre opinion personnelle.

1 Lewis et Clark étaient des...
- a. artistes
- b. explorateurs
- c. scientifiques

2 Lewis et Clark ont...
- a. exploré les États-Unis
- b. découvert le Mississippi
- c. trouvé un grand trésor

3 Un(e) interprète est quelqu'un qui... les langues.
- a. enseigne
- b. invente
- c. traduit

Une jeune interprète shoshone

LA MISSION DE LEWIS ET CLARK

Savez-vous qui sont Lewis et Clark? Ce sont deux capitaines qui ont accompli une mission d'exploration très importante. En 1804, sur ordre du président Jefferson, ils ont exploré les territoires inconnus entre Saint Louis et l'océan Pacifique. Mais savez-vous qui est Sacajawea? Cette jeune Shoshone a non seulement participé à cette expédition, elle a aussi contribué à son succès. Voici son histoire.

VOCABULAIRE

une voie Une **voie** indique le chemin. Les avions, les voitures, les trains et les bateaux suivent des **voies** pour arriver à leur destination.

une boîte de conserve Au supermarché on peut acheter des fruits et des soupes dans des **boîtes de conserve**. Avec les **boîtes de conserve** on peut garder la nourriture longtemps dans les placards (cupboards).

couramment Quand on parle une langue parfaitement, on dit qu'on parle cette langue **couramment**. Une personne qui parle trois langues **couramment** est très douée (gifted) pour les langues.

engager Quand quelqu'un vous propose un poste (position), cette personne veut vous **engager**.

emmener Si vous ne voulez pas aller au cinéma tout(e) seul(e), vous pouvez **emmener** quelqu'un avec vous.

Une jeune interprète shoshone

Meriwether Lewis et George Clark partent de Saint Louis au mois de mai 1804. Leur mission: trouver une route et une voie navigable des territoires à l'ouest du Mississippi jusqu'à l'océan. À cette époque, seuls les peuples indigènes habitent ces régions inexplorées. Aussi, Lewis et Clark ont besoin d'interprètes pour communiquer leurs intentions pacifistes et demander leur aide aux Indiens. C'est pourquoi, en 1805, ils engagent Toussaint Charbonneau, un Canadien français. Mais ils posent une condition: Toussaint doit absolument emmener sa femme,

Sacajawea indique le chemin à Lewis et Clark.

une jeune Shoshone, avec lui. Elle s'appelle Sacajawea. Les capitaines comptent sur elle pour leur expliquer les coutumes et traditions des Shoshones et pour négocier l'achat de chevaux à cette tribu. De plus, elle a son fils Jean-Baptiste avec elle. La présence d'une jeune mère et de son enfant rassurera les tribus: les expéditions militaires n'emmènent jamais de bébés!

Des renseignements utiles

Sacajawea est bientôt indispensable, non seulement parce qu'elle parle français et shoshone, mais aussi à cause de sa connaissance de la nature. Les hommes mangent les produits de leur chasse et des boîtes de conserve. Sacajawea complète leur menu avec des plantes et des racines[1] qu'elle connaît. Elle leur explique ce qui est bon à manger et ce qui ne l'est pas. Ils découvrent ainsi les «pommes blanches» (les navets[2]) et les oignons sauvages.

Des difficultés

Sacajawea est si serviable[3] et si sympathique que le 20 mai 1805, Lewis et Clark nomment une rivière la "Sacajawea River" (un affluent[4] de la rivière Mussellshell) en son honneur. Mais les difficultés sont nombreuses. Les explorateurs souffrent du froid et des fièvres. Quand Sacajawea tombe malade, tout le monde s'inquiète. Heureusement, elle guérit[5] grâce à un remède du capitaine Lewis. Toutefois,[6] la fatigue gagne la troupe. Les hommes ignorent où ils sont et où ils vont. Leur moral est très bas. Mais voici que Sacajawea reconnaît la région! Ils ne sont pas perdus!

[1] roots [2] turnips [3] helpful [4] tributary [5] recovers
[6] However

La réunion

L'expédition vient d'arriver en territoire shoshone, où Sacajawea a passé son enfance. Elle avait été kidnappée à l'âge de dix ans par une autre tribu. C'est Toussaint Charbonneau qui l'avait sauvée. Sacajawea est heureuse. Elle retrouve enfin les membres de sa famille et son amie d'enfance! Le moral de l'expédition est à nouveau excellent. Sacajawea est l'interprète entre les Shoshones et les deux capitaines. Ils désirent acheter des chevaux pour continuer leur voyage. Un meeting est organisé dans le tipi du chef. Sacajawea entre, s'assied, écoute le chef. Elle est prête à traduire ses paroles quand elle bondit[1] sur ses pieds! Elle s'élance[2] vers le chef et l'embrasse à la plus grande surprise de tous. L'explication est simple: c'est son frère Camehawait! Ensuite, les négociations se passent bien. Finalement, grâce à Sacajawea, l'expédition achète des chevaux.

Un rôle essentiel

Quand l'expédition arrive à destination, Sacajawea voit l'océan pour la première fois. C'est une vue extraordinaire pour une jeune femme habituée aux forêts. Tout le monde est d'accord: Sacajawea a joué un rôle essentiel dans la réussite[3] de l'expédition. Sa présence a contribué au bon moral et rassuré les tribus indiennes. «Elle a supporté la fatigue d'une si longue route avec une patience admirable,» Clark écrit dans son journal.

Un mystère

Le reste de la vie de Sacajawea est mystérieux. Certains disent qu'elle est morte très jeune, à 25 ans. Mais la majorité pense qu'elle a vécu[4] dans différentes tribus du Canada, d'Arizona et de Californie avant de s'établir chez des Shoshones au Wyoming. Les Shoshones se souviennent d'une Sacajawea qui avait une médaille avec le portrait de Jefferson (un cadeau de Lewis et Clark), parlait le français couramment et participait aux débats politiques avec enthousiasme. Ils disent que cette Sacajawea a vécu jusqu'à l'âge de 96 ans. Aujourd'hui une statue marque sa tombe et un parc, le Sacajawea State Park (état de Washington), honore sa mémoire.

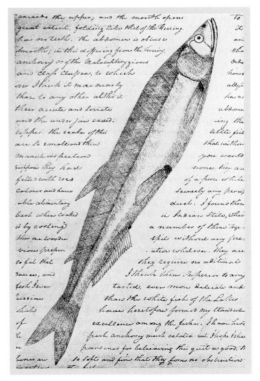

Une page du journal de George Clark

[1]leaps [2]rushes [3]success [4]lived

APRÈS LA LECTURE...

AVEZ-VOUS COMPRIS?

Complétez chaque phrase suivante avec la réponse correcte.

1. Lewis et Clark font leur exploration sur ordre du président...
   a. Adams
   b. Jefferson
   c. Madison
2. Lewis et Clark trouvent une route jusqu'...
   a. à l'océan Atlantique
   b. à l'océan Pacifique
   c. au Texas
3. Sacajawea parle...
   a. français et shoshone
   b. espagnol et shoshone
   c. français et espagnol
4. Lewis et Clark nomment... en honneur de Sacajawea.
   a. un lac
   b. une rivière
   c. une montagne

EXPÉRIENCE PERSONNELLE

Il y a des gens qui considèrent Sacajawea une héroïne. Et vous? Qui est votre héros ou héroïne? En utilisant un diagramme, faites une comparaison entre Sacajawea et cette personne. Décrivez les actions de cette personne et, si possible, quelques traits de caractère. Comparez vos résultats avec ceux de la classe pour découvrir les caractéristiques qu'on trouve souvent chez les héros (héroïnes).

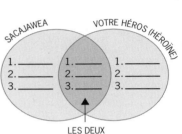

SACAJAWEA — VOTRE HÉROS (HÉROÏNE)
1. ——
2. ——
3. ——
LES DEUX

ENRICHISSEZ VOTRE VOCABULAIRE

Les expéditions

le chef *chief*
l'éclaireur *(m.)* *scout*
l'explorateur/l'exploratrice *explorer*
le guerrier *warrior*

la cascade *waterfall*
le col *pass (mountain)*
la colline *hill*
la crête *ridge*

un arc *bow*
une flèche *arrow*
le mât totémique *totem pole*

le guide *guide*
l'interprète *interpreter*
le trappeur *trapper*
le voyageur/la voyageuse *traveler*

le lit du fleuve *riverbed*
la pente *slope*
la plaine *plain*
le sommet *summit*

le mocassin *moccasin*
le tipi *teepee*

Activité ① LEWIS ET CLARK SONT PERDUS!

Imaginez que vous êtes guide et que vous aidez Lewis et Clark!
Mettez les événements suivants dans le bon ordre pour organiser
leur expédition.

1. Nommer une rivière la «Sacajawea River»
2. Demander à Sacajawea d'organiser un meeting dans le tipi du chef
   shoshone
3. Arriver à l'océan Pacifique
4. Demander à Toussaint Charbonneau d'emmener sa femme
5. Acheter des chevaux à la tribu shoshone
6. Demander à Sacajawea ce qui est bon à manger

Activité ② TROUVEZ LA DÉFINITION.

Faites correspondre chaque mot de la **Colonne A** à la définition
appropriée de la **Colonne B**.

A	B
1. le sommet	a. chasseur d'animaux à fourrure
2. le tipi	b. chute *(fall)* d'eau d'une certaine hauteur
3. le trappeur	c. personne qui commande
4. la cascade	d. partie la plus élevée d'une montagne
5. le chef	e. maison des tribus indiennes

Activité ③ LA BONNE RÉPONSE

Choisissez la réponse correcte.

1. En 1804, Lewis et Clark partent de (**Saint Louis/Baton Rouge**)
   pour commencer leur expédition.
2. Les «pommes blanches» que Sacajawea fait découvrir à Lewis
   et Clark sont des (**oignons sauvages/navets**).
3. Sacajawea guérit de sa maladie grâce à un remède du capitaine
   (**Lewis/Clark**).
4. À l'âge de dix ans Sacajawea avait été (**sauvée/kidnappée**) par
   une autre tribu.
5. Sacajawea voit (**l'océan/la forêt**) pour la première fois quand
   l'expédition arrive à sa destination.

Activité 4 — OÙ SONT LES FAUTES?

Chaque phrase suivante a une erreur. Trouvez et corrigez l'erreur.

1. Lewis et Clark sont deux lieutenants qui ont trouvé une route qui mène à l'ouest.
2. Les explorateurs souffrent de la chaleur et des fièvres.
3. Camehawait a sauvé Sacajawea quand elle était jeune.
4. Grâce à Sacajawea, l'expédition achète des chèvres.

Activité 5 — À VOTRE TOUR

Sacajawea était membre de la tribu shoshone. Faites des recherches soit sur cette tribu soit sur une autre tribu (les Cherokees ou les Sioux, par exemple). Quelle sont les coutumes de cette tribu? leur architecture, leur nourriture? etc. Écrivez vos recherches sur une grande feuille de papier et illustrez-la!

Activité 6 — EXPRESSION PERSONNELLE

Imaginez que vous êtes explorateur ou exploratrice. Quelle partie du monde est-ce que vous aimeriez explorer? Pourquoi? En utilisant un organigramme, expliquez ce qu'il vous faut pour votre expédition et comment vous allez vous préparer. À la fin, écrivez ce que vous allez trouver ou découvrir pendant votre voyage.

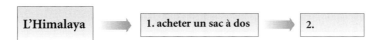

| L'Himalaya | → | 1. acheter un sac à dos | → | 2. |

Note CULTURELLE

Pendant l'expédition, Lewis et Clark ont mangé de la soupe en conserve grâce à un Français. En effet, en 1790 Nicolas Appert invente un nouveau moyen de préserver les aliments: l'application de chaleur aux aliments dans des bocaux (*jars*). C'est la naissance des conserves! Vers 1806, les principes d'Appert sont utilisés par la marine française pour conserver la viande, les légumes, les fruits et même le lait!

Deux artistes francophiles

STRATÉGIE DE LECTURE

● Notez les oeuvres d'art et les succès des deux artistes du texte.

À VOUS

Donnez votre opinion personnelle.

1 ...ne fait pas partie des beaux-arts.
   a. La sculpture
   b. La peinture
   c. Le chant

2 La Légion d'honneur est...
   a. l'hymne national français
   b. une médaille française
   c. l'armée française

3 Les Penobscots sont...
   a. un groupe musical
   b. une tribu indigène
   c. un parti politique

Un peintre africain-américain du 19ᵉ siècle et une danseuse penobscot du 20ᵉ siècle. Qu'est-ce que ces artistes ont en commun? Ils ont développé leur carrière en France. Pourquoi et comment? Continuez votre lecture!

HENRY OSSAWA TANNER (1859-1937)

À quatorze ans, Henry Ossawa Tanner décide de devenir peintre. À 21 ans, en 1880, il suit les cours de l'Académie des Beaux-Arts de Philadelphie où il est le seul étudiant africain-américain. Il rêve d'aller étudier à Paris, ce qui l'aiderait à se faire connaître du public. En effet, à l'époque, il est prestigieux d'aller perfectionner son art en France. Là, il sera évalué judicieusement pour son talent. Il part enfin à Paris en 1891, à l'âge de 31 ans.

VOCABULAIRE

envahir Pendant la guerre, une armée **envahit** un autre pays. C'est-à-dire que l'armée entre de force pour occuper le pays. L'Allemagne a **envahi** la France pendant la deuxième guerre mondiale.

francophile Une personne qui aime tout ce qui est français est **francophile**.

lutter Lutter, c'est être en combat avec quelqu'un d'autre. Par exemple, deux boxeurs **luttent** l'un contre l'autre.

muet Un film **muet** est un film sans son (*sound*). Quand une personne ne peut pas parler, on dit que cette personne est **muette**.

rude Quelque chose qui est **rude** est dur, froid ou rigoureux. Dans certains endroits, l'hiver et le climat sont très **rudes**.

À Paris

À Paris, Tanner découvre une colonie d'artistes. Il développe son talent en liberté en dépit des difficultés financières (il a 365 dollars par an). Enfin son tableau *La Leçon de musique* est accepté pour une exposition en 1894. Puis, c'est le succès avec *La Résurrection de Lazare*, un tableau qui «possède aussi cette qualité magique et sympathique qui est identique au mot sacré 'génie,'» écrit un critique.

Le succès et les honneurs

Tanner devient célèbre pour ses représentations de scènes bibliques. Aux États-Unis, ses tableaux gagnent des prix aux expositions. Mais Tanner choisit de rester en France. Entre 1903 et 1914, il est l'un des peintres les plus acclamés de France. Il est même invité à dîner par le président français en 1908. En 1923, il reçoit la Légion d'honneur, la plus prestigieuse médaille française. Plus récemment, en 1996, son tableau *Dunes de Sable au coucher du soleil, Atlantic City* a été choisi pour décorer une pièce de la Maison-Blanche à Washington. C'est le premier tableau d'un artiste africain-américain à faire partie de la collection permanente de la résidence présidentielle.

MOLLY SPOTTED ELK
(1903-1970)

Cette petite fille qui habite Indian Island dans le Maine a trois passions: les contes des peuples indigènes, la musique et la danse. Enfant, Molly est passionnée par les légendes penobscot. Molly est une bonne élève, surtout en français. Elle rêve de devenir écrivain ou actrice. La chance se présente en 1930 avec le film muet appelé *The Silent Enemy*. Elle y joue le rôle d'une Ojibwa (une autre tribu indigène) qui, avec sa tribu, lutte pour survivre à un hiver très rude.

Molly Spotted Elk portant les vêtements traditionnels des penobscots

Les danses indiennes en France

L'année suivante, Molly part pour Paris avec un groupe de jazz composé de musiciens indigènes. Sur scène, Molly exécute des danses traditionnelles penobscot face à un public enthousiaste. Elle décide de rester à Paris pour faire carrière. Comme Joséphine Baker avant elle, elle a une réception favorable en France et a beaucoup de succès dans le monde du spectacle. De plus, son film *The Silent Enemy* passe au cinéma à Paris avec succès. Molly Spotted Elk devient vite célèbre.

La vie en France

À Paris, Molly est très occupée. Elle se marie avec un journaliste français. Elle assiste à des conférences[1] d'anthropologie à l'université de la Sorbonne. Elle donne elle-même[2] des conférences à la Sorbonne sur les danses des peuples indigènes! Avec l'aide de son mari, elle écrit des histoires d'aventures et aussi des légendes penobscot de son enfance en français. Ces légendes devaient être publiées en 1939, mais la guerre commence et le livre est abandonné.

La tragédie

Quand les armées allemandes envahissent la France, Molly est séparée de son mari. Elle repart dans le Maine après beaucoup de difficultés. Mais elle ne reverra jamais[3] son mari qui meurt en France. Molly finira sa vie à Indian Island, dans le Maine. Elle a apporté sa culture au public français qui a découvert les traditions de sa tribu avec enthousiasme.

[1] lectures   [2] herself   [3] will never see again

AVEZ-VOUS COMPRIS?

Complétez chaque phrase suivante avec la réponse correcte.

1. Le tableau…de Tanner est accepté
   pour une exposition en 1894.
   a. *La Leçon de musique*
   b. *La Résurrection de Lazare*
   c. *Dunes de Sable au coucher du
      soleil, Atlantic City*

2. Tanner devient célèbre pour ses
   représentations de…
   a. paysages français
   b. danseurs
   c. scènes bibliques

3. Molly assiste à des conférences…
   à l'université de la Sorbonne.
   a. de psychologie
   b. d'anthropologie
   c. de sociologie

4. À cause…le livre de légendes
   que Molly veut publier
   en 1939 est abandonné.
   a. de la guerre
   b. de sa carrière
   c. d'un manque d'intérêt

EXPÉRIENCE PERSONNELLE

Vous connaissez maintenant l'histoire d'Henry Ossawa Tanner et
de Molly Spotted Elk. Est-ce que vous avez envie d'aller en France?
Pour quoi faire? étudier? travailler? En utilisant un organigramme,
faites une liste de ce que vous voudriez faire en France.

Je veux étudier… ➡ 1. ➡ 2.

ENRICHISSEZ VOTRE VOCABULAIRE

la musique classique *classical music*
le compositeur/la compositrice *composer*
le chef d'orchestre *conductor*

la symphonie *symphony*
l'opéra (m.) *opera*

l'amateur (m.) **d'art** *art lover*
la collection *collection*
le ballet *ballet*
la danse folklorique *folk dancing*
la danse moderne *modern dancing*
la danse de salon *ballroom dancing*
l'écriture (f.) *writing*
la lecture *reading*

la galerie d'art *art gallery*
le vernissage *private opening (art exhibit)*
le traducteur/la traductrice *translator*
l'histoire (f.) *story*
le conte *tale*
la légende *legend*
la conférence *lecture*

① QUEL ARTISTE?

Faites correspondre l'artiste aux choses qui font partie de sa vie.

1. Molly Spotted Elk **2.** Henry Ossawa Tanner

a. *The Silent Enemy*	**c.** l'université de la Sorbonne	**e.** une colonie d'artistes
b. la Légion d'honneur	**d.** la Maison-Blanche	**f.** les légendes penobscot

② LE MONDE DE L'ART

Complétez chaque phrase avec un mot approprié d'**ENRICHISSEZ VOTRE VOCABULAIRE.**

1. Vous allez très souvent aux musées pour voir des expositions. Vous êtes un vrai…

2. Si vous voulez diriger un orchestre vous voulez être…

3. Vous voulez apprendre la valse *(waltz).* Alors vous prenez des leçons de…

4. Si vous voulez être écrivain vous aimez beaucoup l'…

5. Vous connaissez un peintre qui va exposer ses tableaux dans une galerie d'art. C'est le premier soir et vous allez au…

③ HENRY ET MOLLY

Aidez-vous du texte pour compléter chaque phrase avec la réponse correcte.

1. Henry Ossawa Tanner part en France à l'âge de…ans.

2. Molly Spotted Elk se marie avec un…français.

3. Un critique écrit qu'un tableau de Tanner «possède aussi cette qualité magique et sympathique qui est identique au mot sacré…»

4. Molly joue le rôle d'une…dans le film muet *The Silent Enemy.*

5. *Dunes de Sable au coucher du soleil, Atlantic City* est le premier tableau d'un artiste…à faire partie de la collection permanente de la Maison-Blanche.

Activité

4 L'EXPOSITION

Lisez cette annonce puis répondez aux questions par des phrases complètes.

1. Qu'est-ce que cette affiche annonce?
2. Où est-ce que cette collection va être exposée?
3. Entre quelles dates est-ce qu'on peut voir cette collection?
4. De quelle heure à quelle heure est-ce que le musée est ouvert?

> **COLLECTION**
> **HENRY OSSAWA TANNER**
>
> *du 17 novembre au 30 mars*
>
> MUSÉE NATIONAL DE L'ORANGERIE
>
> **Jardin des Tuileries**
> **Place de la Concorde**
> **75001 Paris**
>
> *Ouvert de 9h45 le matin*
> *jusqu'à 17h le soir*
> *Fermé le mardi*

Activité

5 À VOTRE TOUR

Avec un(e) partenaire, faites des recherches sur un(e) autre artiste qui est allé(e) en France. (Par exemple: Ernest Hemingway ou Gertrude Stein.) Quel était son art? Quand est-ce que cette personne est allée en France? Pourquoi? Pour combien de temps? Est-ce que cette personne avait des raisons similaires à celles d'Henry Ossawa Tanner et de Molly Spotted Elk? Faites une présentation devant la classe.

Activité

6 EXPRESSION PERSONNELLE

Créez un poster pour une exposition d'art ou une troupe de danse! Choisissez un(e) artiste que vous aimez bien. Écrivez toutes les informations nécessaires sur une page de journal: le nom de l'artiste, l'endroit, les heures, l'adresse, etc. Reportez ces informations sur votre poster et décorez-le avec des dessins.

Le nom de l'artiste:

L'endroit de l'exposition ou du spectacle:

Les heures:

L'adresse:

Autres informations:

Note CULTURELLE

À partir de 1887, une colonie d'artistes américains s'établit à Giverny, un petit village de Normandie. C'est là qu'habite Claude Monet, le grand peintre impressionniste. Aujourd'hui la maison où Monet habitait est devenue le Musée de l'Art américain. On peut y admirer les tableaux de grands artistes américains. On peut aussi se promener dans le jardin que Monet a si souvent représenté dans ses tableaux.

LECTURES LITTÉRAIRES

CHRONOLOGIE

CHRONOLOGIE DE L'HISTOIRE		OEUVRES LITTÉRAIRES
Grotte de Lascaux	15 000 av. J-C	
Jules César conquiert la Gaule	58-51 av. J-C	
Naissance de Jésus-Christ	0	
Empire de Charlemagne	800-814	
Croisades	1096-1270	**13e SIÈCLE**
Guerre de 100 Ans, franco-anglaise	1337-1453	**Un troubadour** *Aucassin et Nicolette* (date inconnue)
Jeanne d'Arc délivre la ville d'Orléans	1429	
Voyages de Christophe Colomb	1492-1504	
Vie de Shakespeare	1564-1616	**16e SIÈCLE**
	1578	**Ronsard** *Sonnets pour Hélène*
Mayflower à Plymouth	1620	**17e SIÈCLE**
	1636	**Corneille** *Le Cid*
Règne de Louis XIV en France	1643-1715	
	1668	**La Fontaine** *La Cigale et la Fourmi*
	1673	**Molière** *Le Malade imaginaire*
Vie de Benjamin Franklin	1706-1790	**18e SIÈCLE**
	1721	**Montesquieu** *Lettres persanes*
	1756	**Jeanne Marie Leprince de Beaumont** *La Belle et la Bête*
	1759	**Voltaire** *Candide*
	1770	**Marie-Antoinette** *Comment je passe mes journées*
Washington - président des États-Unis	1789-1797	
Révolution française	1789-1799	
Empire de Napoléon Bonaparte	1800-1814	**19e SIÈCLE**
Thomas Jefferson achète la Louisiane	1803	
Mission de Lewis et Clark	1804	
	1857	**Baudelaire** *Correspondances*
Darwin, *De l'origine des espèces par voie de sélection naturelle*	1859	
Guerre de sécession aux États-Unis	1860-1865	
Louis Pasteur découvre les microbes	1863	
	1866	**Verlaine** *Chanson d'automne*
	1870	**Rimbaud** *Le Dormeur du val*
	1873	**Daudet** *La Dernière Classe*
	1884	**Maupassant** *La Parure*
Marie Curie - prix Nobel de chimie	1911	**20e SIÈCLE**
	1912	**Apollinaire** *Le Pont Mirabeau*
1ère guerre mondiale	1914-1918	
2e guerre mondiale	1939-1945	
	1957	**Camus** *L'Hôte*
Construction du Mur de Berlin	1961	
Indépendance de l'Algérie	1962	
Guerre du Viêt-nam	1962-1973	
Assassinat du président Kennedy	1963	
1ère marche sur la lune	1969	
	1979	**Bâ** *Une si longue lettre*
Mur tombe à Berlin	1989	
Dissolution de l'URSS, Fin de l'apartheid en Afrique du Sud, Guerre du Golfe	1991	
	1993	**Duras** *La Mort du jeune aviateur anglais*
Hong Kong revient à la Chine	1997	

AVANT DE LIRE...

STRATÉGIE DE LECTURE

● Dans les contes, on trouve souvent des symboles. Un symbole est un être ou un objet qui représente une chose abstraite. Par exemple, le lion représente la royauté.

À VOUS

Donnez votre opinion personnelle.

1 Une personne qui a perdu toute sa fortune...

    a. n'est plus riche
    b. n'est plus ruinée
    c. n'est plus pauvre

2 Si vous aimez le luxe, vous aimez...

    a. la simplicité
    b. l'abondance
    c. les choses sans ornements

3 On peut mettre un déguisement (*disguise*) pour...son apparence.

    a. cacher
    b. embellir
    c. a et b

CHAPITRE 5

Contes traditionnels

SÉLECTION 1

Un château à Rouen, la ville natale de Mme de Beaumont

BIOGRAPHIE

Jeanne Marie Leprince de Beaumont est née à Rouen, en France, en 1711. Elle part pour Londres vers 1750 où elle s'occupe de l'éducation de jeunes filles nobles. Elle fonde *Le Nouveau magasin français*, destiné à la jeunesse. Cette collection est considérée comme le premier magazine pour les jeunes. En 1756, elle écrit une nouvelle version du conte de Suzanne de Villeneuve, *La Belle et la Bête*, qu'elle incorpore dans *Le Magasin des enfants*. Elle se retire en 1754 et meurt en 1780.

INTRODUCTION

Mme de Beaumont a beaucoup simplifié l'histoire écrite par Mme de Villeneuve en 1740. En effet, le conte original est très long (plus de 360 pages!), avec des passages sur l'histoire du monde des fées et leurs guerres. Voici son adaptation du conte original.

VOCABULAIRE

la soie **La soie** est une matière naturelle très douce et brillante. Les kimonos japonais sont en **soie**.

le loup **Le loup** est un animal sauvage qui ressemble aux chiens de la race husky. Aux États-Unis, il y a des **loups** en Alaska.

remercier Quand on dit «merci beaucoup» à quelqu'un, on **remercie** cette personne. Il faut **remercier** une personne quand elle vous rend service.

voler Si on prend quelque chose qui n'est pas à soi sans demander la permission, on **vole** cette chose. **Voler** est un crime.

les bijoux Les bracelets et les boucles d'oreilles (*earrings*) sont des **bijoux**. Tiffany's vend des **bijoux** très chers décorés de diamants ou de rubis.

La Belle et la Bête

Jeanne Marie Leprince de Beaumont

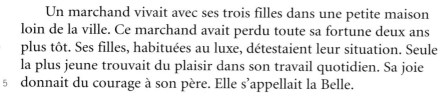

Un marchand vivait avec ses trois filles dans une petite maison loin de la ville. Ce marchand avait perdu toute sa fortune deux ans plus tôt. Ses filles, habituées au luxe, détestaient leur situation. Seule la plus jeune trouvait du plaisir dans son travail quotidien. Sa joie
5 donnait du courage à son père. Elle s'appellait la Belle.

Une rose

Un jour, le marchand apprend qu'un de ses bateaux vient d'arriver au port de la ville. Il décide de partir aussitôt réclamer la cargaison° qu'il croyait° perdue dans une tempête. «Mes filles, dit-il, je vais vous acheter un cadeau. Que désirez-vous?»

cargo / believed to be

10 «Je veux un collier° de perles!» demande l'une. «Je veux une robe de soie!» demande l'autre.

necklace

La Belle est silencieuse. «Et toi, la Belle?» demande son père. La Belle assure qu'elle n'a besoin de rien. Il insiste. Elle répond: «Eh bien alors, apportez-moi une rose.»

Perdu dans la forêt

15 Quand le marchand arrive en ville, il apprend que son bateau et sa cargaison sont détruits. Il est ruiné. Il n'a même pas assez d'argent pour dormir à l'hôtel. Il décide donc de rentrer chez lui ce soir-là. Il fait nuit quand il pénètre dans la forêt. Les branches craquent. Les arbres ressemblent à des monstres sinistres. Un loup
20 hurle.° Il a très peur. Il décide de marcher parce que son cheval est fatigué. Le marchand a froid. Soudain il s'arrête. Où est-il? Voilà que son cheval s'enfuit! Le pauvre marchand est perdu dans la forêt quand, soudain, il voit un château.

howls

La Bête

Les portes du château s'ouvrent. Le marchand entre. Qui a
ouvert? Il n'y a personne! Des chandelles° s'allument sur son   candles
passage. Le long du couloir, des statues semblent le regarder. Enfin,
il arrive dans une petite pièce. Il y a un bon feu dans la cheminée et
un repas copieux sur une table. Le marchand s'assied, attend... Mais
il a trop faim. Il mange de bon appétit puis s'endort. Au matin, il
décide de partir. Il va sortir du jardin magnifique quand il aperçoit
une rose. C'est une rose blanche très pure, aux pétales doux comme
de la soie. Il pense à la Belle et prend la rose. Au même moment
une bête rugit! Le marchand se retourne.° Un horrible monstre est   turns around
devant lui! Il est immense, avec une crinière° de lion et des dents de   mane
loup. Ses yeux féroces regardent le marchand. «C'est ainsi que tu me
remercies de mon hospitalité?» demande-t-il au marchand d'une
voix de tonnerre. «Tu voles mes roses qui sont mon trésor le plus
précieux?»

«Pardonnez-moi...» murmure le marchand. La Bête rugit: «Je te
pardonnerai à une condition: envoie une de tes filles vivre ici avec
moi! Si elle ne vient pas, j'irai te chercher et tu mourras!°   will die
Maintenant, monte sur ce cheval et pars!» Le marchand monte sur
un magnifique cheval blanc qui le ramène chez lui.

Un rêve

«Qu'allons-nous faire?» demande l'une des soeurs après avoir
entendu l'histoire de son père. «C'est la faute de la Belle, à cause de
sa rose. C'est elle qui doit partir!» dit l'autre.

«Vous avez raison, dit la Belle. Père, je vais aller chez la Bête.»
Elle monte sur le cheval blanc malgré les protestations de son père.
Il décide de l'accompagner. Quand ils arrivent au château, il n'y a
personne. Toutes les pièces sont illuminées. Il y a des fleurs
magnifiques partout. Enfin la Bête apparaît. La Belle décide de
cacher sa peur. Elle fait une révérence° devant la Bête qui est touchée   bows
par sa beauté si douce. «Ces deux coffres sont pour vous, dit-il au
père. Ils contiennent des bijoux et de l'or. Vous êtes à nouveau riche.
Partez maintenant.»

La Belle est triste de voir son père partir. Mais elle ne dit rien et
part dormir dans sa chambre décorée de roses blanches. Cette nuit-
là, elle rêve d'un beau jeune prince. Le prince lui dit: «La Belle, tu
seras récompensée de ton sacrifice. Je t'aime, la Belle, même si tu ne
me vois pas sous mon déguisement. Toi seule peux m'aider. N'oublie
pas que les apparences sont souvent trompeuses.°»   deceptive

La question de la Bête

Le lendemain, la Belle explore le château. Il y a une grande bibliothèque avec tous les livres qu'elle aime. Il y a une salle de musique avec des instruments décorés de pierres précieuses et une
65 salle de danse où des statues jouent de la musique. La Belle trouve aussi une galerie où un portrait l'intrigue. Il représente le prince de son rêve! «Comme il est beau, se dit-elle. Et comme la Bête est laide.» Le soir, la Bête vient la voir pendant qu'elle dîne. La Bête lui demande si elle a tout ce qu'elle désire, si elle est satisfaite. La Belle
70 répond que oui. Puis la Bête demande: «La Belle, voulez-vous m'épouser?» La Belle, très embarrassée, répond: «Oh, la Bête. Ne me posez pas cette question. Je ne veux pas vous offenser.» La Bête répète sa question. «Non, la Bête. Je ne veux pas vous épouser.» La Bête quitte la salle à manger, les épaules° basses. La nuit, la Belle rêve   shoulders
75 à nouveau du beau jeune prince. «Pourquoi n'es-tu pas gentille avec moi, la Belle?» demande-t-il. Le soir suivant, la Bête pose la même question au dîner et la Belle donne la même réponse.

La promesse de la Belle

Les jours passent. La Belle découvre toujours quelque chose de merveilleux. Une pluie de pétales de roses tombe quand elle passe
80 dans l'allée du jardin. Des fleurs forment des bouquets pour ses cheveux et des oiseaux de toutes les couleurs chantent son nom. Chaque soir, la Bête pose sa question. Chaque soir, la Belle donne sa réponse. Mais c'est de plus en plus difficile car la Belle admire de plus en plus l'intelligence et la bonté° de la Bête. Un soir, la Bête lui   kindness
85 demande pourquoi elle semble si triste. «Parce que mon père me manque,°» explique la Belle. La Bête, qui ne supporte pas de voir   I miss my father
la Belle malheureuse, l'autorise à aller voir son père. «Mais à une condition: revenez dans un mois. Si vous ne revenez pas, je mourrai.» La Belle promet. Alors la Bête lui donne deux coffres avec
90 des cadeaux pour sa famille. Il lui donne aussi une bague° magique.   ring
«Tournez la pierre de cette bague et vous serez transportée ici, dans mon château.» La Belle le remercie puis elle va dormir. Quand elle se réveille, elle regarde autour d'elle avec surprise. Elle est dans son ancienne chambre, chez son père!

De retour au château

95   Son père est enchanté de la revoir. Ses soeurs sont surtout
intéressées par les cadeaux. La Belle parle de sa vie au château. Elle
est heureuse d'être avec son père, mais elle pense souvent à la Bête.
Après un mois, il est temps pour elle de repartir au château. Son
père la supplie.° «Reste avec nous, s'il te plaît. Ne nous quitte pas...»   begs
100   La Belle ne veut pas offenser son père. Elle reste, un jour, deux jours,
six jours de plus... Puis elle rêve de son prince. Il est couché dans
le jardin du château. «La Belle, ta promesse...» dit-il d'une voix
faible car il est très malade. Quand elle se réveille, la Belle décide de
rentrer au château. Elle tourne la bague et la voilà dans sa chambre
105   enchantée. Vite, elle part chercher la Bête. Elle ne le trouve pas. Le
soir, il ne vient pas dîner. La Belle est très inquiète. Elle comprend
alors qu'elle aime la Bête.

Le Prince

       Le matin, elle trouve la Bête dans le jardin. Il est couché au
même endroit que le prince dans son rêve. «La Bête, la Bête, ne
110   mourez pas! Ne mourez pas! Je vous aime!» crie-t-elle. À ces mots,
la Bête se réveille. Il est très faible. «La Belle, vous êtes revenue.»
«Oui, la Bête. Je suis revenue pour toujours.» «Je suis content,» dit
la Bête. Puis il lui demande de rentrer au château. «Je vous verrai° ce   will see
soir.» Au dîner, la Bête apparaît dans un costume somptueux. Il pose
115   sa question: «La Belle, voulez-vous m'épouser?» Cette fois, la Belle
répond: «Oui, la Bête. Je veux vous épouser.» Aussitôt des feux
d'artifice illuminent la nuit. La Belle va à la fenêtre les admirer.
Quand elle se retourne vers la salle, elle pousse un cri de surprise. La
Bête a disparu. À sa place, elle voit le beau jeune prince de ses rêves!
120   «Où est la Bête?» demande-t-elle. «La Belle, je suis la Bête. Un jour,
une fée° m'a transformé en bête parce que je me suis moqué d'elle.   fairy
Elle m'a enfermé dans ce château. Seul un amour pur pouvait me
sauver. La Belle, tu m'as sauvé. Tu seras la reine de mon royaume.»
       Le mariage fut° célébré le lendemain à la plus grande joie de   was
125   tous. Puis la Belle partit pour le royaume magique du prince où elle
régna° à ses côtés pendant de très longues années, et ils vécurent   reigned
toujours heureux.°   lived happily ever after

AVEZ-VOUS COMPRIS?

Choisissez la réponse correcte.

1. Le texte que vous venez de lire est…
   a. la première version du conte
   b. la version la plus longue du conte
   c. une adaptation du conte originel

2. Le père de la Belle veut lui acheter un cadeau. Elle demande…
   a. un collier de perles
   b. une rose
   c. une robe de soie

3. La Belle décide d'aller habiter au château parce qu'elle…
   a. a envie de rencontrer la Bête
   b. adore le luxe
   c. se croit coupable (*guilty*)

4. La Bête autorise la Belle à aller voir son père parce que…
   a. la Bête ne veut plus voir la Belle
   b. la Bête sait que le père de la Belle lui manque
   c. le château n'est pas assez grand pour deux personnes

5. À son retour, la Belle trouve la Bête…
   a. dans le château
   b. dans la forêt
   c. dans le jardin

EXPÉRIENCE PERSONNELLE

Quand vous étiez enfant, quel conte préfériez-vous? Qui étaient les personnages principaux? Qu'est-ce qui se passait dans l'histoire? Utilisez un organigramme pour résumer votre conte préféré.

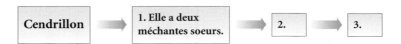

Cendrillon → 1. Elle a deux méchantes soeurs. → 2. → 3.

ENRICHISSEZ VOTRE VOCABULAIRE

Dans la forêt

l'arbre (m.) tree
le bourgeon bud
la branche branch
la brindille twig
l'écorce (f.) (tree) bark
la feuille leaf
le nid nest
le tronc (tree) trunk

l'arbuste (m.) shrub
le bois woods
le buisson bush
la clairière clearing
le sentier path
le terrier burrow

l'écureuil (m.) squirrel
le hibou (pl. **hiboux**) owl
le loup wolf
l'oiseau (m.) bird

1 DANS LA FORÊT

feuilles	bourgeons
loup	nids
sentier	bois

Complétez les phrases suivantes avec les mots appropriés.

1. Au printemps, la vie recommence! On voit des…qui apparaissent sur les branches.

2. Les oiseaux font des…dans les arbres.

3. Quand on se promène dans la forêt, on suit un…

4. En automne, les…tombent des arbres.

5. Le…est un animal qui ressemble à un chien de la race husky.

2 C'EST VRAI?

Lisez attentivement les phrases et indiquez si elles sont vraies ou fausses. Si une phrase est fausse, corrigez-la.

1. Au début du conte, la Belle veut un collier de perles.

2. La Bête a une crinière de lion et des dents d'écureuil.

3. Au château, il y a une salle de danse où des statues jouent de la musique.

4. La Belle pense que le prince de ses rêves est laid.

5. La Bête offre un collier magique à la Belle.

3 EN PAIRES

Choisissez une scène du conte qui a un dialogue (2-4 lignes). Apprenez ces lignes par coeur et répétez-les *(rehearse them)* avec votre partenaire. Puis présentez votre mini-scène à la classe.

4 EXPRESSION PERSONNELLE

Quand la Belle rêve du jeune prince, il lui dit: «N'oublie pas que les apparences sont souvent trompeuses.» Est-ce que vous êtes d'accord avec ce qu'il dit? Pourquoi? En donnant des exemples spécifiques, écrivez un paragraphe de quatre ou cinq phrases qui explique votre opinion. Organisez vos idées sur une page de journal.

Je suis/ne suis pas d'accord parce que…

Un exemple spécifique du conte est…

Un autre exemple est…

Ma conclusion est…

AVANT D'ÉCRIRE

Quand vous écrivez, utilisez les mots **et** et **aussi** pour introduire une autre idée, et les mots **mais** et **ou** pour contraster deux expressions.

Modèles: Sylvie est énergique. Elle est active. Elle n'est pas sociable.
*Sylvie est énergique **et** active **aussi**, **mais** elle n'est pas sociable.*

Pierre est actif? Pierre est paresseux?
*Pierre est actif **ou** paresseux?*

Activité 5 EXPRESSION ÉCRITE

1. Faites une liste d'adjectifs qui décrivent un personnage principal du texte. Est-ce que ce personnage est compréhensif? inquiet? Soyez le plus précis possible. Écrivez un paragraphe qui décrit bien ce personnage. Relisez AVANT D'ÉCRIRE avant de commencer. Présentez votre description à la classe.

HONNÊTE

LA BELLE

2. Faites une comparaison entre cette version de *La Belle et la Bête* et le film de Disney doublé en français (si possible!). Est-ce que l'histoire se déroule de la même façon? Les personnages sont-ils identiques? et le dénouement? Écrivez un ou deux paragraphes puis présentez votre travail à la classe.

Note CULTURELLE

L'histoire de *La Belle et la Bête*, d'après le conte de Madame Leprince de Beaumont, a été adaptée au cinéma par Jean Cocteau. Cocteau, un Français, était à la fois dessinateur, poète, réalisateur et dramaturge. Il était responsable de l'histoire, des paroles et de la mise en scène de ce classique du cinéma français qui date de 1946. Dans son film, Cocteau donne une version fantastique, aux accents surréalistes. Josette Day joue le rôle de la Belle. Jean Marais, qui joue le rôle de la Bête, a souvent joué dans les films de Cocteau.

STRATÉGIE DE LECTURE

● L'adjectif médiéval décrit quelque chose qui se rapporte au Moyen Âge. Le Moyen Âge est la période entre le 5ᵉ et le 15ᵉ siècles.

À VOUS

Donnez votre opinion personnelle.

1 Au Moyen Âge, l'autorité suprême est…

   a. le comte
   b. le roi
   c. la reine

2 Un troubadour est…

   a. un soldat
   b. un fabricant de tapisseries *(tapestries)*
   c. un poète-musicien

3 Un exemple de monstre fabuleux est le…

   a. brontosaure
   b. dragon
   c. ptérodactyle

> **13ᵉ SIÈCLE**
> **Un troubadour**
> *Aucassin et Nicolette*
> (date inconnue)

CHAPITRE 5

Contes traditionnels
SÉLECTION 2

BIOGRAPHIE

On ne sait pas qui a écrit *Aucassin et Nicolette*, mais on sait que c'était un troubadour. Les seigneurs aiment écouter les troubadours pour s'amuser. Ce sont des poètes-musiciens qui racontent *(tell)* des histoires d'amour ou d'aventures, comme *Aucassin et Nicolette* ou *La Chanson de Roland*. Une autre histoire épique très célèbre est *Le cycle d'Arthur*, écrit par Chrétien de Troyes. Le cycle raconte les aventures du roi Arthur et des chevaliers de la Table Ronde.

Un troubadour du 13ᵉ siècle raconte une histore.

INTRODUCTION

Aucassin et Nicolette est une fable médiévale du 13ᵉ siècle. Son auteur est inconnu. Vous allez lire une adaptation du texte qui a été écrit en vers et chanté par les troubadours de l'époque.

VOCABULAIRE

la guerre Quand deux nations sont en conflit, elles peuvent faire **la guerre**. **La** seconde **guerre** mondiale a commencé en 1939 et a fini en 1945.

les Sarrasins Au Moyen Âge, les Musulmans *(Moslems)* sont appelés les **Sarrasins**.

l'armure Un chevalier *(knight)* porte **une armure** pour se protéger. C'est un costume de métal utilisé pendant les combats.

l'épée Les chevaliers combattent avec leurs **épées**. C'est une arme *(weapon)* assez lourde qui ressemble à un très long couteau. Le légendaire roi Arthur avait **une épée** appelée *Excalibur*.

libérer Quand on donne la liberté *(freedom)* à un prisonnier, on **libère** ce prisonnier.

Aucassin et Nicolette

Anonyme

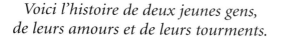

Voici l'histoire de deux jeunes gens,
de leurs amours et de leurs tourments.

Le comte Bougar de Valence est en guerre avec le comte Garin
de Beaucaire. Garin ordonne à son fils Aucassin d'aller défendre leur
5 domaine. Aucassin répond: «Père, je ne veux pas être chevalier.
J'aime Nicolette, vous le savez. J'irai à la guerre si vous acceptez de
nous marier.»

«Jamais! Nicolette est une fille adoptive. C'est une captive des
Sarrasins que le vicomte° de notre ville a achetée. Cette fille n'est pas   viscount
10 de notre rang.»

«Père, je dis autrement. Nicolette est ma douce amie. Mon
amour pour elle est infini. Vous ne voulez pas me marier? Alors je
refuse d'être chevalier.»

Furieux, Garin va chez le vicomte. «Par votre faute, mon fils
15 refuse d'être chevalier. Si je trouve cette Nicolette que vous avez
adoptée, je la mènerai au bûcher.° Et vous avec!»   to the stake

«Sire,» répond le vicomte. «Puisque vous le désirez, je vais
l'exiler.»

Le vicomte emprisonne aussitôt° Nicolette dans une haute tour.   right away
20 La pauvre Nicolette se lamente:

> *«Hélas, misérable captive que je suis.*
> *Pourquoi suis-je prisonnière ici?»*

Garin ordonne de nouveau à son fils d'aller à la guerre. Aucassin
répond: «Père, j'ai une condition: à mon retour, je veux voir
Nicolette dans sa tour.»

Garin accepte. Aucassin part. Il galope vers le champ de bataille,° battlefield
mais il oublie vite où il va car° il pense à Nicolette. Soudain, il voit because
ses ennemis. «Ah! Mais s'ils me coupent la tête, je ne pourrai pas
parler à ma Nicolette!» pense-t-il. Alors il se défend. Il frappe de son
épée à droite, à gauche. Les ennemis tombent. Après sa victoire, il
capture le comte Bougar. Il l'emmène à Beaucaire chez son père.
«Père, voici votre ennemi. Maintenant je veux parler à Nicolette
comme vous l'avez promis.» «Moi? Promis? Mon fils, vous faites
erreur: je n'ai rien promis,» répond Garin. Aucassin insiste, mais
Garin résiste. Pour se venger,° Aucassin dit à son prisonnier In revenge
«Sire Bougar, vous êtes libéré. Partez!» Puis il escorte Bougar jusqu'à
son domaine de Valence. À son retour, le comte Garin l'emprisonne
dans une haute tour. Le pauvre Aucassin se lamente:

«Nicolette, fleur de lis,
ma douce amie au visage lisse,° smooth
tu es plus douce que les raisins,
plus tendre que du bon pain.»

Dans sa tour, Nicolette pense: «Je suis ici en danger mortel.
Garin me déteste et il est cruel. S'il me voit, il me tuera.°» Elle will kill me
attache ses draps° puis elle descend par la fenêtre avec cette corde° sheets / rope
improvisée. Vite, elle marche dans les rues de Beaucaire. Elle arrive à
une haute tour. Elle s'arrête quand elle entend une voix murmurer:
«Hélas, j'ai perdu ma douce amie Nicolette.» C'est la voix
d'Aucassin, qui est enfermé dans la tour! Elle répond au prisonnier:

«Aucassin, pourquoi vous lamenter
pourquoi vous plaindre° et pleurer? complain
Puisque votre père me hait,
dans un autre pays, je vais m'exiler.»

Aucassin entend cela et pleure encore plus, mais Nicolette doit
partir. Elle court vers la forêt. Au matin, elle rencontre de jeunes
bergers.° «Chers enfants,» dit-elle, «partez dire à Aucassin, le fils du shepherds
comte Garin, qu'il y a une bête dans la forêt. S'il la capture, son
coeur sera guéri de sa blessure.» Les bergers répondent: «Non, nous
n'irons pas. Mais si Aucassin passe devant nous, nous lui parlerons
de vous.» Nicolette part dans la forêt.

Pendant ce temps, à Beaucaire, le comte Garin apprend la disparition de Nicolette. Il décide de libérer Aucassin et il organise une fête pour lui. Mais Aucassin est triste et ne s'amuse pas. Un chevalier le voit. «Aucassin,» dit-il, «j'ai eu la même maladie que

65 vous. Voici ma recommandation: allez en forêt. Les fleurs et les oiseaux vous amuseront.»

«Vous avez raison,» répond Aucassin. Et il quitte la fête.

Bientôt il arrive dans la forêt. Il entend les bergers parler d'une belle jeune fille appelée Nicolette. «Que dites-vous?» demande-t-il.

70 Les bergers lui parlent de sa douce amie. Le coeur en fête, Aucassin pénètre dans la forêt à la recherche de sa tendre Nicolette.

Il arrive à une hutte décorée de fleurs de lis. Soudain il entend: «Très doux ami, soyez le bienvenu.» C'est Nicolette!

«Doux Aucassin, qu'allons-nous faire?»
75 *«Tendre Nicolette, quittons Beaucaire.*
Allons vivre sur une autre terre.»

Après un long voyage, ils arrivent à la mer. Ils partent en bateau. Une nuit, une énorme tempête fait échouer° leur bateau au pays de   runs aground
Turelure. Le roi invite Aucassin et Nicolette à rester dans son

80 château. Les deux amoureux y sont heureux. Mais trois ans plus tard, les Sarrasins attaquent Turelure. Aucassin et Nicolette sont faits prisonniers. Ils sont séparés. Nicolette part sur un bateau, Aucassin sur un autre.

Par chance, une tempête fait échouer le bateau d'Aucassin à
85 Beaucaire, son pays. Le vieux Garin est mort. Aucassin devient donc le comte de Beaucaire, mais il pense toujours à Nicolette:

«Ma chère amie au visage clair,
tu es partie sur la mer.
Si je savais où te trouver,
90 *j'irais te chercher.»*

Il ne sait pas que sur son bateau, Nicolette a reconnu les chevaliers sarrasins. Ce sont ses frères. Nicolette est la fille du roi de Carthagène. Elle est heureuse de retrouver sa famille et son pays, mais elle n'oublie pas son tendre ami. Elle murmure souvent:

95 *«Si je savais où te trouver,*
j'irais te chercher.»

Bientôt son père veut la marier à un jeune roi. Elle refuse, mais elle n'a pas le choix. Alors elle colore ses longs cheveux blonds en noir, puis met un pantalon, une tunique et une chemise aux couleurs vives. Déguisée en troubadour, elle part en bateau jusqu'au pays de Provence. Elle marche dans tout le pays de Valence. Enfin elle arrive près du château de Beaucaire, où Aucassin se désespère.° Elle voit son doux ami, assis tristement sur un banc. Elle commence à chanter:

«À Carthagène, Nicolette refuse de se marier.
Car elle aime Aucassin, mais ne sait pas où il est.»

Aucassin est surpris. «Cher troubadour,» dit-il, «connaissez-vous Nicolette?»

Il n'a pas reconnu son amie déguisée. Nicolette en profite pour s'amuser un peu. «Oui,» répond-elle. «Nicolette est la plus généreuse, la plus noble, la plus honnête des jeunes filles. Elle est la fille du roi de Carthagène, mais elle refuse de se marier avec un roi.»

«Moi aussi par amour pour ma tendre Nicolette, j'ai refusé de me marier. Maintenant je sais où la trouver, alors je vais aller la chercher,» Aucassin répond avec joie.

«Sire, je vais aller la chercher à votre place. Elle sera bientôt dans votre palais.»

Nicolette part. Elle va chez le vicomte, son père adoptif. Sa femme, la vicomtesse, est très contente de la voir. La vicomtesse aide Nicolette à laver ses cheveux. Elle lui donne une magnifique robe de soie bordée d'hermine.° Puis la vicomtesse va au château. «Sire Aucassin, ne vous désolez plus. Votre douce amie est revenue. Venez avec moi et je vous montrerai Nicolette.» Aucassin va vite chez la vicomtesse où il trouve sa Nicolette plus jolie et plus douce que jamais. Les deux amoureux s'embrassent° et promettent de ne jamais se séparer.

La douce Nicolette le lendemain matin
se marie enfin avec son Aucassin.
Devenus comte et comtesse
ils tiennent leur promesse.
Dans une longue vie de bonheur,
ils n'ont plus de malheurs.

is in despair

ermine fur

kiss

AVEZ-VOUS COMPRIS?

Choisissez la réponse correcte.

1. Aucassin ne veut pas être chevalier parce qu'il…
   a. est contre la violence
   b. n'a pas d'armure
   c. est amoureux de Nicolette

2. Enfin, Aucassin accepte d'aller à la guerre à condition qu'il… à son retour.
   a. voie Nicolette
   b. devienne le nouveau comte de Beaucaire
   c. parte en vacances

3. Vers la fin de l'histoire, Nicolette se rend compte qu'elle est…
   a. la soeur du roi de Carthagène
   b. la fille du roi de Carthagène
   c. la vicomtesse du roi de Carthagène

4. Nicolette met des vêtements de troubadour pour…
   a. échapper au jeune roi avec qui son père veut la marier
   b. chanter au château de Beaucaire
   c. se cacher d'Aucassin

EXPÉRIENCE PERSONNELLE

Est-ce que vous connaissez un autre conte similaire à celui-ci (par exemple, *Robin des Bois, Cendrillon*, etc.)? Quelles sont les similarités et les différences entre ce conte et *Aucassin et Nicolette*? Quel conte préférez-vous? Pourquoi?

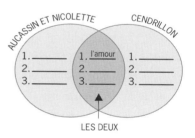

AUCASSIN ET NICOLETTE   CENDRILLON
1. _____   1. l'amour   1. _____
2. _____   2. _____   2. _____
3. _____   3. _____   3. _____

LES DEUX

ENRICHISSEZ VOTRE VOCABULAIRE

l'armure (f.) *armor*
la cotte de maille *coat of mail*
l'écu (m.) *shield*
l'épée (f.) *sword*
la joute *joust*
la lance *spear*

le dragon *dragon*
la fée *fairy*
la licorne *unicorn*
le sorcier/la sorcière *warlock/witch*

le château fort *fortified castle*
le donjon *dungeon*
le fossé *moat*
le pont-levis *drawbridge*
la tour *tower*

le chevalier *knight*
le comte/la comtesse *count/countess*
le duc/la duchesse *duke/duchess*
le jongleur/la jongleuse *juggler*
le roi/la reine *king/queen*

Activité 1 IDENTIFIEZ LES PERSONNAGES.

Selon le texte, donnez le nom des personnages suivants.

1. refuse d'être chevalier
2. en guerre avec le comte Garin de Beaucaire
3. captive des Sarrasins
4. libéré par Aucassin
5. père d'Aucassin

Activité 2 LE MOYEN ÂGE

Imaginez-vous au Moyen Âge. Complétez les phrases suivantes avec les mots de la liste.

jongleur	pont-levis
reine	joute
armure	lance

1. Il y a un fossé autour du château. Pour entrer au château, il faut passer sur le…
2. Pour se protéger au combat, le chevalier met son…
3. Un…est un homme qui lance des objets en l'air (de petites balles de couleur, par exemple) et qui les attrape avant qu'ils ne tombent.
4. Le combat à cheval avec une lance s'appelle la…
5. La femme du roi est la…

Activité 3 EN PAIRES

Le texte original d'*Aucassin et Nicolette* est écrit en vieux français. Voici la lamentation d'Aucassin en exemple. Trouvez l'adaptation moderne correspondante dans votre texte. Puis comparez les deux extraits *(excerpts)*. Qu'est-ce qui a changé? Discutez de vos réponses avec votre partenaire.

Vieux Français	**Français moderne (Traduction littérale)**
Nicolette, flors de lis,	Nicolette, fleur de lis,
douce amie o le cler vis,	douce amie au clair visage,
plus es douce que roisins	tu es plus douce que les raisins
ne que soupe en maserin.	ou que la soupe dans un bol de bois.

 Activité

4 EXPRESSION PERSONNELLE

Imaginez que vous êtes au Moyen Âge.
Êtes-vous chevalier? roi/reine? dragon/licorne?
Choisissez un de ces personnages. Dans un
diagramme, écrivez toutes les caractéristiques de ce que vous
avez choisi. Écrivez un paragraphe où vous parlez de vos vêtements,
vos loisirs et votre vie quotidienne.

AVANT D'ÉCRIRE

La rime est l'apparition d'un même son à la fin de deux ou plusieurs vers.
Voici l'exemple d'une rime que vous avez lue:

> *Voici l'histoire de deux jeunes gens,*
> *de leurs amours et de leurs tourments*

Remarquez que les deux derniers mots des vers, **gens** et **tourments**,
finissent par le même son. Beaucoup de poèmes sont écrits en vers
qui riment.

 Activité

5 EXPRESSION ÉCRITE

Votre partenaire et vous, vous êtes des troubadours! Dans le style des
rimes que vous avez lues dans le texte, composez votre propre poème
lyrique. Utilisez au moins quatre mots d'**ENRICHISSEZ VOTRE VOCABULAIRE** dans
vos vers. La leçon d'*Aucassin et Nicolette* est de ne pas abandonner vos
rêves. Quelle est la leçon de votre poème lyrique?

Note CULTURELLE

Le Moyen Âge est la période entre l'antiquité et
la Renaissance (entre le 5e et le 15e siècles). À
cette époque, la France a un gouvernement féodal.
Le roi est l'autorité suprême du pays. Il gouverne
les seigneurs *(lords)* qui sont très puissants.
Les seigneurs habitent dans des châteaux forts
et leurs domaines sont équivalents à des états.
Il y a beaucoup de guerres privées entre
les seigneurs qui désirent agrandir *(enlarge)* leurs
territoires. Les serfs sont sous l'autorité d'un
seigneur. Ils travaillent la terre de leur seigneur.

STRATÉGIE DE LECTURE

- Faites attention aux différences et ressemblances entre l'époque de Marie-Antoinette et le présent.

À VOUS

Donnez votre opinion personnelle.

1 Marie-Antoinette était reine de France au...siècle.

   a. 17e
   b. 18e
   c. 19e

2 Le roi et le mari de Marie-Antoinette était...

   a. Napoléon
   b. Louis XIV
   c. Louis XVI

3 Marie-Antoinette était d'origine...

   a. autrichienne
   b. française
   c. suisse

18e SIÈCLE	
1721	—**Montesquieu** *Lettres persanes*
1756	—**Jeanne Marie Leprince de Beaumont** *La Belle et la Bête*
1759	—**Voltaire** *Candide*
1770	—**Marie-Antoinette** *Comment je passe mes journées*

CHAPITRE 6

Lettres

SÉLECTION 1

BIOGRAPHIE

Marie-Antoinette est née en 1755 à Vienne, en Autriche. Mariée à Louis XVI, elle a été reine de France entre 1774 et 1791. Elle avait beaucoup d'influence sur le roi, mais elle a été critiquée à cause de son extravagance et de son opposition aux réformes. Pendant la Révolution française elle a aliéné le public à la monarchie. Après l'exécution du roi, le Tribunal l'a mise en accusation et elle a été guillotinée en 1793.

INTRODUCTION

En 1770, 12 000 personnes habitent au palais de Versailles. Tout le monde peut venir au palais admirer le futur couple royal. Le futur roi et Marie-Antoinette ont un emploi du temps très précis. Ils sont constamment en spectacle. Le futur roi se lève, mange, s'amuse et se couche en public. Et la future reine? Voici un extrait d'une lettre authentique de Marie-Antoinette qu'elle a écrite à 14 ans. Elle y explique son emploi du temps à sa mère, l'impératrice Marie-Thérèse d'Autriche.

VOCABULAIRE

l'impératrice/l'empereur Une **impératrice** est une femme qui dirige *(rules)* un empire.

la reine/le roi Elizabeth II est **la reine** d'Angleterre. Il n'y a plus de **roi** en France.

la cour L'entourage du roi et de la reine forme **la cour**.

le Dauphin En France, le fils aîné du roi avait le titre de Monsieur **le Dauphin**.

bavarder Vous téléphonez pendant des heures. Vous aimez **bavarder**.

appartenir (à) Vous êtes membre d'un club écologique. Vous **appartenez au** club «La Vie Verte.»

LECTURES LITTÉRAIRES **Lettres**

Comment je passe mes journées

Marie-Antoinette

le 12 juillet 1770

Madame ma très chère mère,

1   Votre Majesté a la gentillesse de s'intéresser à moi et vous voulez
même savoir comment je passe mes journées. Je vais vous dire donc
que je me lève à dix heures, ou à neuf heures, ou à neuf heures
trente, et que je m'habille, puis je dis mes prières matinales. Puis je

5   prends mon petit déjeuner et je vais chez mes tantes, où je retrouve
habituellement le Roi. Cela continue jusqu'à dix heures trente. Après
cela, à onze heures, je vais me faire coiffer. À midi, je reçois dans
la chambre. N'importe qui peut venir pourvu qu'il appartienne à
la cour. Je me mets du rouge° et je me lave les mains devant tout le   blush

10 monde. Puis les hommes sortent. Les dames restent et je m'habille
avec mes habits de cour devant elles. À midi trente, je vais à la
messe.° Si le Roi est à Versailles, je l'y accompagne avec mes tantes.   mass
S'il n'est pas là, j'y vais seule avec mon mari, Monsieur le Dauphin.
Après la messe, nous déjeunons ensemble en public. Les gens

15 peuvent venir nous regarder manger s'ils le désirent.

Mais le déjeuner est terminé vers une heure trente car nous mangeons rapidement tous les deux. De là, je vais aux appartements de Monsieur le Dauphin. S'il est occupé, je repars vers les miens. Je lis, j'écris, ou je travaille puisque je brode° un gilet° pour le Roi. *embroidering / waistcoat*

20 Ce travail n'a pas beaucoup progressé, mais j'espère, avec la grâce de Dieu, qu'il sera terminé d'ici quelques années. À trois heures, je retourne chez mes tantes que le Roi visite à cette même heure. À quatre heures, l'Abbé de Vermond vient me voir. Tous les jours à cinq heures, je prends des leçons de chant ou de clavecin° jusqu'à *harpsichord*

25 six heures. À six heures trente, quand je ne vais pas me promener, je vais chez mes tantes. Vous devez savoir que mon mari m'accompagne presque toujours chez elles. À sept heures, nous nous asseyons pour jouer aux cartes jusqu'à neuf heures. Mais s'il fait beau, alors je vais me promener. Dans ce cas, nous jouons ensuite

30 aux cartes chez mes tantes et non pas dans mes appartements. À neuf heures, nous soupons.° Quand le Roi est au palais, nous nous *have supper (dinner)* retirons dans les appartements de mes tantes après le souper et nous l'y attendons. Il vient généralement vers dix heures quarante-cinq. Je m'allonge sur un large sofa et je m'endors en l'attendant. S'il n'est

35 pas au palais, nous nous couchons vers onze heures. Et voici notre journée!

Je demande pardon à ma très chère mère si ma lettre est trop longue, mais bavarder avec elle est un très grand plaisir. Je lui demande aussi pardon si la lettre est sale, mais je l'ai écrite en deux

40 jours pendant que je faisais ma toilette° parce que je n'avais pas *was getting ready* d'autre moment de libre. Maintenant, je dois terminer de m'habiller pour aller à la messe du Roi. J'ai l'honneur d'être la plus obéissante des filles.

Marie-Antoinette

APRÈS LA LECTURE...

AVEZ-VOUS COMPRIS?

Choisissez la réponse correcte.

1. Marie-Antoinette a écrit cette lettre à…
   a. son père
   b. sa mère
   c. sa soeur

2. À midi Marie-Antoinette…
   a. se fait coiffer
   b. joue aux cartes
   c. reçoit dans sa chambre

3. Comme travail Marie-Antoinette brode…pour le Roi.
   a. un gilet
   b. une chemise
   c. un pantalon

4. Tous les jours Marie-Antoinette prend des leçons…
   a. de danse ou de violoncelle
   b. de piano ou de violon
   c. de chant ou de clavecin

5. Marie-Antoinette demande pardon à sa mère si sa lettre est…
   a. trop longue et sale
   b. trop brève et difficile à lire
   c. en retard et peu intéressante

EXPÉRIENCE PERSONNELLE

Maintenant vous savez ce que Marie-Antoinette faisait dans sa vie quotidienne.En utilisant un diagramme comme celui-ci, comparez vos activités de tous les jours avec les siennes.

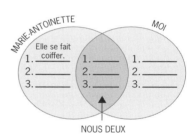

ENRICHISSEZ VOTRE VOCABULAIRE

Quelques verbes réfléchis

s'aider (de) *to use; to make use (of)*
se calmer *to calm oneself*
se changer *to change one's clothes*
se coiffer *to do one's hair*
se confier (à) *to confide (in)*

s'impatienter *to get impatient*
se méfier (de) *to distrust*
s'occuper (de) *to take care (of)*
se sauver *to run away*
se sentir bien/mal *to feel good/bad*

Un peu d'argot *(slang)*

s'éclater *to have a good time (literally: to explode)*
«On **s'éclate** toujours aux boums de Marie!»

Comment je passe mes journées • 71

1 AIDEZ LA REINE!

Marie-Antoinette a besoin d'organisation. Aidez-vous de sa lettre
pour écrire son emploi du temps.

HEURES	ACTIVITÉS
9h–10h30	
11h	
12h	
12h30	
1h30	
3h	
4h	
5h	
6h30	
7h	
9h	
vers 11h	

2 RÉACTIONS PERSONNELLES

Répondez aux questions par des phrases complètes et en vous aidant
des verbes d'**ENRICHISSEZ VOTRE VOCABULAIRE** de la page 71.

Modèle: Quand est-ce que votre ami(e) et vous vous impatientez?
*Nous nous impatientons quand nous attendons le bus
longtemps.*

1. De quoi/de qui est-ce que vous vous occupez?
2. Vous avez des problèmes. À qui est-ce que vous vous confiez?
3. Quand est-ce que vos ami(e)s se sentent mal?
4. De quoi est-ce que vous vous méfiez?
5. Quand est-ce que vous vous éclatez?

3 EN PAIRES

Choisissez un(e) partenaire. Trouvez trois
activités que Marie-Antoinette ne pouvait pas
faire en 1770. Puis trouvez trois choses de son
époque que vous ne pouvez pas faire aujourd'hui.
Quelles activités sont possibles aux deux époques?
Utilisez un diagramme pour organiser vos résultats.

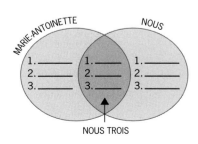

Activité 4 EXPRESSION PERSONNELLE

Qu'est-ce que vous pensez de la journée de Marie-Antoinette? Est-ce qu'elle a beaucoup de choses à faire? Est-ce que vous vous intéressez à son quotidien? Et à ses loisirs? Écrivez vos réactions dans un paragraphe d'environ douze phrases. Est-ce que vous voudriez vivre comme elle? Expliquez pourquoi ou pourquoi pas.

AVANT D'ÉCRIRE

Quand on écrit à un membre de la famille ou à un(e) camarade de classe, on est moins formel qu'au temps de Marie-Antoinette.

Aujourd'hui, vous pouvez commencer une lettre par:
Cher David,   **Chère Marie,**   **Salut les amis,**

Pour finir votre lettre, vous pouvez utiliser une salutation telle que:
Bien amicalement,   **Amitiés,**

ou même des salutations moins formelles:
Grosses bises,   **Je t'embrasse,/Je vous embrasse,**

Activité 5 EXPRESSION ÉCRITE

Vous avez lu la lettre que Marie-Antoinette a écrite à sa mère. Écrivez votre propre lettre à un membre de votre famille ou de votre classe. Comme Marie-Antoinette, décrivez comment vous passez vos journées! Pensez à vos cours et à vos loisirs avant de commencer. Faites une liste de vos idées et du vocabulaire qui s'y rapporte.

Note CULTURELLE

Voici le hameau de Marie-Antoinette, un village de paysan dessiné par l'architecte Mique, dans le style que Rousseau a popularisé. Mique a dessiné ce hameau avec une beauté simple et une utilité fonctionnelle. Le hameau a un toit de chaume (*thatched roof*), une laiterie, un moulin à eau et des jardins de fraises et de cerises. Marie-Antoinette reçevait (*entertained*) souvent au hameau pour échapper à la pompe de la cour. Madame Vigée-Lebrun, sa portraitiste, a fait beaucoup de portraits de Marie-Antoinette ici.

Lettres

STRATÉGIE DE LECTURE

● Le ton d'une lettre peut exprimer beaucoup de choses: le sérieux, l'humour, la tristesse, etc. Faites attention aux différents tons des deux lettres.

À VOUS

Donnez votre opinion personnelle.

1 La curiosité est un trait qui suscite (incites)…

a. l'intérêt
b. l'ennui
c. la tristesse

2 Bordeaux est une ville…

a. de Belgique
b. du Canada
c. de France

3 La Perse est l'ancien nom de…

a. l'Iraq
b. l'Iran
c. la Turquie

BIOGRAPHIE

Charles de Montesquieu est né en 1689 au château de La Brède, près de Bordeaux, en France. En 1705 il fait ses études de droit à Bordeaux et il devient avocat. Il s'intéresse de plus en plus aux recherches scientifiques et à la littérature. Les *Lettres persanes* sont publiées en 1721. Cette oeuvre est un grand succès. Montesquieu est considéré comme l'un des plus grands philosophes français du 18e siècle. Il est mort à Paris en 1755.

INTRODUCTION

Montesquieu vient d'une famille noble, riche et éclairée. Très jeune, il comprend que les hommes et les femmes de tous les niveaux de vie sont égaux et que chacun doit être respecté. Il voit clairement le rapport entre le gouvernement, les lois, les moeurs *(morals, customs)*, la religion et la commerce. Dans les *Lettres persanes* il examine la nature des hommes à travers de nombreuses lettres écrites par des Persans imaginaires. Leurs perspectives aident à illuminer et critiquer les sociétés européennes ainsi que d'autres sociétés du monde. Dans les deux lettres suivantes, Rica, qui fait un séjour à Paris, écrit à ses amis pour leur parler des gens qu'il rencontre.

VOCABULAIRE

avouer Quand on **avoue** quelque chose on l'admet comme vrai. Un accusé peut **avouer** son crime; une personne peut **avouer** son amour.

un bourdonnement Un **bourdonnement** est l'émission d'un bruit sourd *(muffled)* et continu. Par exemple, les abeilles *(bees)* produisent **un bourdonnement**.

craindre Quand on **craint** quelque chose, cela veut dire qu'on en a peur. Par exemple, un parent peut **craindre** que son fils se blesse en jouant au football américain.

se plaindre (de) Quand on exprime sa souffrance par des paroles ou des pleurs, on **se plaint**. Souvent on **se plaint d'**un mal de tête ou **d'**un mal de ventre.

Lettres persanes

Charles de Montesquieu

Lettre XXX
Rica au Même, à Smyrne

Les habitants de Paris sont d'une curiosité qui va jusqu'à l'extravagance. Lorsque j'arrivai, je fus regardé comme si j'avais été envoyé du Ciel: vieillards, hommes, femmes, enfants, tous voulaient me voir. Si je sortais, tout le monde se mettait aux fenêtres; si j'étais aux Tuileries, je voyais aussitôt un cercle se former autour de moi: les femmes mêmes faisaient un arc-en-ciel, nuancé de mille couleurs, qui m'entourait; si j'étais aux spectacles, je trouvais d'abord cent lorgnettes dressées contre° ma figure: enfin jamais homme n'a tant été vu que moi. Je souriais quelquefois d'entendre des gens qui n'étaient presque jamais sortis de leur chambre, qui disaient entre eux: «Il faut avouer qu'il a l'air bien persan.» Chose admirable! je trouvais de mes portraits partout: je me voyais multiplié dans toutes les boutiques, sur toutes les cheminées: tant on craignait de ne m'avoir pas assez vu.

Tant d'honneurs ne laissent pas d'être à charge:° je ne me croyais pas un homme si curieux et si rare; et, quoique j'aie très bonne opinion de moi, je ne me serais jamais imaginé que je dusse° troubler le repos d'une grande ville où je n'étais point° connu.

pointed at

are a burden

could

not (literary form)

Cela me fit résoudre à quitter l'habit persan et à en endosser un à
l'européenne, pour voir s'il resterait encore dans ma physionomie
quelque chose d'admirable. Cet essai me fit connaître ce que je
valais réellement: libre de tous les ornements étrangers, je me vis
apprécié au plus juste. J'eus sujet de me plaindre de mon tailleur,° — tailor
qui m'avait fait perdre en un instant l'attention et l'estime publique:
car j'entrai tout à coup dans un néant° affreux. Je demeurais° — nothingness / stayed
quelquefois une heure dans une compagnie sans qu'on m'eût° — had (passé simple)
regardé et qu'on m'eût mis en occasion d'ouvrir la bouche. Mais, si
quelqu'un, par hasard, apprenait à la compagnie que j'étais Persan,
j'entendais aussitôt autour de moi un bourdonnement: «Ah! ah!
Monsieur est Persan? C'est une chose bien extraordinaire! Comment
peut-on être Persan?»

À Paris, le 6 de la lune de Chalval, 1712.

Lettre LXXII
Rica à Usbek, à ***

Je me trouvai l'autre jour dans une compagnie où je vis un
homme bien content de lui. Dans un quart d'heure, il décida trois
questions de morale, quatre problèmes historiques et cinq points de
physique. Je n'ai jamais vu un décisionnaire si universel: son esprit
ne fut jamais suspendu par le moindre doute. On laissa les sciences;
on parla des nouvelles du temps: il décida sur les nouvelles du
temps. Je voulus l'attraper, et je dis moi-même: «Il faut que je me
mette dans mon fort; Je vais me réfugier dans mon pays.» Je lui
parlai de la Perse. Mais à peine lui eus-je dit quatre mots, qu'il me
donna deux démentis,° fondés sur l'autorité de MM.° Tavernier et — refutations / (Messieurs)
Chardin. «Ah! bon Dieu! dis-je en moi-même, quel homme est-ce
là? Il connaîtra tout à l'heure les rues d'Ispahan mieux que moi!»
Mon parti fut bientôt pris: je me tus, je le laissai parler, et il décide
encore.

De Paris, le 8 de la lune Zilcadé, 1715.

AVEZ-VOUS COMPRIS?

Choisissez la réponse correcte.

1. Dans cette lettre, «un arc-en-ciel» est une métaphore pour...
   a. un oiseau très coloré
   b. un cercle de femmes
   c. le drapeau persan

2. Pour résoudre son problème Rica...
   a. quitte l'habit persan et en endosse un à l'européenne
   b. ne va plus dans les endroits publics
   c. quitte Paris pour retourner en Perse

3. Pour Rica l'expression «néant affreux» veut dire que...
   a. tout le monde continue à le reconnaître comme persan
   b. l'habit ne change rien
   c. presque personne ne fait attention à lui

4. L'homme dont Rica parle est bien content de lui parce qu'il...
   a. se croit très intelligent
   b. sait parler espagnol
   c. ressemble à Rica

5. Rica se réfugie dans son propre pays pour...l'homme.
   a. impressionner
   b. mieux connaître
   c. attraper

EXPÉRIENCE PERSONNELLE

Est-ce que vous avez déjà fait un voyage comme Rica? Sinon, demandez des informations à un membre de votre famille qui a voyagé. Quelles différences avez-vous remarquées? Est-ce que vous avez eu des difficultés? En utilisant un diagramme comme celui-ci, écrivez vos pensées.

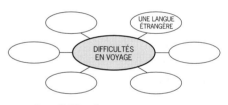

ENRICHISSEZ VOTRE VOCABULAIRE

un carnet notebook
l'écriture (f.) writing
un encrier inkpot
une feuille (de papier) sheet (of paper)
l'orthographe (f.) spelling
la signification/le sens meaning

un stylo-plume fountain pen
un stylo-bille ballpoint pen
une tache d'encre blot of ink
apprendre par coeur to learn by heart
chercher un mot dans le dictionnaire to look up a word in the dictionary

épeler to spell
interroger to question
poser une question to ask a question
répondre à to answer; to reply to
signifier to mean
vouloir dire to mean

1 LA VIE DE MONTESQUIEU

Choisissez la réponse correcte selon la biographie de Montesquieu et l'introduction.

1. Charles de Montesquieu est né…
   a. près de Bordeaux   b. près de Paris

2. Montesquieu vient d'une famille noble,…et éclairée.
   a. riche   b. pauvre

3. Avant de devenir écrivain, Montesquieu était…
   a. avocat   b. ingénieur

4. Quand les *Lettres persanes* sont publiées en 1721 cette oeuvre est…
   a. très peu lue   b. un grand succès

5. Montesquieu est…à Paris en 1755.
   a. né   b. mort

2 L'ÉCRITURE

Complétez chaque phrase avec un mot approprié d'**ENRICHISSEZ VOTRE VOCABULAIRE** de la page 77.

1. Pour écrire une lettre, vous utilisez un…

2. Si vous ne connaissez pas le sens d'un mot, il faut le…

3. Si vous laissez trop longtemps votre stylo sur votre feuille de papier vous aurez une…

4. Pour épeler chaque mot correctement, il faut faire attention à l'…

5. Vous aimez beaucoup un poème de votre poète favori. Pour être capable de réciter ce poème n'importe quand vous l'…

3 EN PAIRES

Imaginez que vous êtes un(e) étranger (-ère) dans un autre pays. Votre partenaire est votre hôte. Vous avez besoin d'informations sur la ville où vous allez rester pendant une semaine. En utilisant le modèle donné, créez un dialogue entre vous deux. Après, inversez les rôles!

1. «Où est-ce que je trouve la poste?»	→	2.	→	3.

EXPRESSION PERSONNELLE

Pensez à une personne célèbre qui vous intéresse. Pourquoi êtes-vous attiré(e) par cette personne? Est-ce que ce sont les vêtements qu'il/elle porte? son allure? son comportement? son attitude? Faites une liste d'autant d'adjectifs et de détails que possible. Mettez une photo de cette personne sur une grande feuille de papier et écrivez un paragraphe qui décrit cette personne célèbre.

 AVANT D'ÉCRIRE

Pour éviter un style d'écriture haché (*choppy writing style*), utilisez des mots de transition quand vous décrivez une série d'événements.

pour introduire une série d'événements	**premièrement, d'abord**
pour relier les événements	**puis, ensuite, après**
pour indiquer un contraste	**mais, par contre**
pour terminer	**enfin, finalement**

 EXPRESSION ÉCRITE

Est-ce que vous vous êtes jamais trouvé(e) dans une situation similaire à celle de Rica? Est-ce que les gens vous ont regardé(e) d'un air bizarre à cause de votre habit, votre âge, votre comportement? Sinon, inventez une situation! Décrivez-la dans une lettre à un(e) ami(e). Vous pouvez utiliser les salutations que vous avez apprises d'**AVANT D'ÉCRIRE** de la page 73.

Note **CULTURELLE**

L'ancien billet de 200 francs est illustré du portrait de Montesquieu. Sur le devant du billet, à droite de son portrait, apparaît le blason (*coat of arms*) de la famille de Montesquieu. Il y a un autre blason sur la gauche qui représente la justice et  la science. Au dos du billet, il y a une illustration du château de La Brède, où Montesquieu est né. Le dos du billet est aussi orné de couleurs et motifs persans, qui rappellent les *Lettres persanes*.

STRATÉGIE DE LECTURE

● Rappelez-vous que l'imparfait est utilisé pour décrire une action que l'on faisait régulièrement dans le passé.

À VOUS

Donnez votre opinion personnelle.

1 L'Allemagne...la France pendant la guerre de 1870.

   a. a libéré
   b. a envahi
   c. a aidé

2 La Prusse faisait partie de l'empire...

   a. allemand
   b. français
   c. russe

3 La patrie veut dire...

   a. la province
   b. la ville
   c. le pays

CHAPITRE 7

Contes

SÉLECTION 1

BIOGRAPHIE

Alphonse Daudet est né le 13 mai 1840, à Nîmes, dans le sud de la France. Il devient journaliste et écrivain à Paris. Dès son premier ouvrage, le recueil de vers *Les Amoureuses*, il connaît la notoriété.

La célébrité vient après la publication de deux livres de contes, l'un intitulé *Lettres de mon Moulin*, l'autre *Contes du Lundi*. Les *Lettres de mon Moulin* sont des contes fantaisistes, amusants et tendres, dans lesquels Daudet met en scène des personnages typiques du Midi (le sud de la France). Les *Contes du Lundi* sont inspirés par les événements qui ont suivi la guerre franco-allemande de 1870 et la défaite des Français, en particulier l'occupation de l'Alsace par les Allemands. Daudet est mort en 1897 à Paris.

INTRODUCTION

La Dernière Classe est l'histoire d'un petit Alsacien, Franz, qui assiste à l'occupation de «sa patrie» par les troupes prussiennes et se voit interdire l'usage de la langue française. Désormais, seul l'allemand sera enseigné dans les écoles publiques. Dans cet extrait, il se rend compte qu'il apprécie beaucoup sa langue maternelle et les efforts de son instituteur, Monsieur Hamel.

VOCABULAIRE

ancien, ancienne Ronald Reagan est un **ancien** président des États-Unis. Cela veut dire qu'il a cessé *(ceased)* d'exercer ses fonctions de président.

colère Quand on est en **colère**, on est hostile envers quelqu'un. Quand on se fâche, on se met en **colère**.

éclater Quand quelque chose **éclate**, cela fait un bruit soudain et violent. Un ballon **éclate** quand il crève *(pops)*.

gronder Quand on **gronde** quelqu'un, on le réprimande. Souvent les parents **grondent** les enfants qui ne sont pas sages.

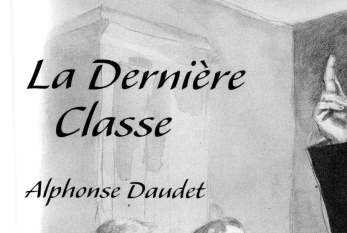

La Dernière Classe

Alphonse Daudet

Ce matin-là, j'étais très en retard pour aller à l'école et j'avais grand-peur d'être grondé ... M. Hamel nous avait dit qu'il nous interrogerait sur les participes, et je n'en savais pas le premier mot. Un moment l'idée me vint de manquer la classe et de
5 prendre ma course à travers champs. Le temps était si chaud, si clair!

On entendait les oiseaux siffler dans le bois, et dans le pré° meadow
Rippert, derrière la scierie,° les Prussiens qui faisaient l'exercice. sawmill
Tout cela me tentait bien plus que la règle des participes; mais j'eus
la force de résister, et je courus bien vite vers l'école.
10 En passant devant la mairie, je vis qu'il y avait du monde arrêté
près des affiches. Depuis deux ans, c'est de là que nous sont venues
toutes les mauvaises nouvelles, et je pensai sans m'arrêter:

«Qu'est-ce qu'il y a encore?»

Alors, comme je traversais la place en courant, le forgeron° blacksmith
15 Wachter, qui était là avec son apprenti en train de lire l'affiche me
cria:

«Ne te dépêche pas tant, petit; tu y arriveras toujours assez tôt
à ton école!»

Je crus qu'il ne parlait pas sérieusement, et j'entrai tout épuisé
20 dans la petite cour de M. Hamel.

D'ordinaire, au commencement de la classe, il se faisait
un grand bruit qu'on entendait jusque dans la rue, les pupitres° desks
ouverts, fermés, les leçons qu'on répétait très haut tous ensemble

pour mieux apprendre, et la grosse règle du maître qui tapait sur
les tables:

«Un peu de silence!»

Je comptais sur toute cette agitation pour aller à ma place sans
être vu; mais, justement, ce jour-là, tout était tranquille, comme un
matin de dimanche. Par la fenêtre ouverte, je voyais mes camarades
déjà rangés° à leurs places, et M. Hamel, qui passait et repassait avec
la terrible règle en fer° sous le bras. Il fallut ouvrir la porte et entrer
au milieu de ce grand calme. J'étais rouge et j'avais très peur!

Eh bien non! M. Hamel me regarda sans colère et me dit très
doucement:

«Va vite à ta place, mon petit Franz: nous allions commencer
sans toi.»

J'enjambai° le banc et je m'assis tout de suite. Alors seulement, je
remarquai que notre maître avait son bel habit qu'il ne mettait que
pour les grandes occasions. Du reste,° toute la classe avait quelque
chose d'extraordinaire et de solennel.° Mais ce qui me surprit
le plus, ce fut de voir au fond de la salle, sur les bancs qui restaient
vides d'habitude, des gens du village assis et silencieux comme nous,
le vieux Hauser avec son chapeau, l'ancien maire, l'ancien facteur, et
puis d'autres personnes encore. Tout ce monde-là avait l'air triste; et
Hauser avait apporté un vieux livre qu'il tenait grand ouvert sur ses
genoux, avec ses grosses lunettes posées sur les pages.

Pendant que je m'étonnais de tout cela, M. Hamel était monté
dans sa chaire, et de la même voix douce et grave dont il m'avait
reçu, il nous dit:

«Mes enfants, c'est la dernière fois que je vous fais la classe.
L'ordre est venu de Berlin de ne plus enseigner que l'allemand dans
les écoles de l'Alsace et de la Lorraine… Le nouveau maître arrive
demain. Aujourd'hui, c'est votre dernière leçon de français. Je vous
prie d'être bien attentifs.»

Ces quelques paroles me bouleversèrent.° Ah! les misérables,
voilà ce qu'ils avaient affiché à la mairie.

Ma dernière leçon de français!…

Et moi qui savais à peine écrire!° Je n'apprendrais donc jamais!
Il faudrait donc en rester là… Comme je m'en voulais° maintenant
du temps perdu, des classes manquées à courir dans les champs ou à
rêver le nez en l'air. Mes livres que tout à l'heure encore je trouvais
si ennuyeux, si lourds à porter, ma grammaire, mon histoire, me
semblaient à présent de vieux amis qu'il me ferait beaucoup de
peine à quitter. C'est comme M. Hamel. L'idée qu'il allait partir,

sitting

iron ruler

stepped over

Moreover

solemn

stunned

who could hardly write

felt guilty about

65 que je ne le verrais plus, me faisait oublier les punitions, les coups
de règle.

Pauvre homme! C'est en l'honneur de cette dernière classe qu'il
avait mis ses beaux habits du dimanche et maintenant je comprenais
pourquoi ces vieux du village étaient venus s'asseoir au bout de la
70 salle. Cela semblait dire qu'ils regrettaient de ne pas y être venus
plus souvent, à cette école. C'était aussi comme une façon de
remercier notre maître de ses quarante ans de bons services et de
rendre leurs devoirs à la patrie qui s'en allait…° to pay their respects
to the homeland that
was dying

C'est à ce moment que j'entendis appeler mon nom. C'était
75 mon tour de réciter. Que n'aurais-je pas donné pour pouvoir dire
tout au long cette fameuse règle des participes, bien haut, bien clair,
sans une faute? Mais je m'embrouillai° aux premiers mots, et je got mixed up
restai debout à me balancer sur mes jambes, tout triste, sans oser
lever la tête. J'entendais M. Hamel qui me parlait:
80 «Je ne te dirai rien, mon petit Franz, tu dois être assez puni...
voilà ce que c'est. Tous les jours on se dit: «Bah! j'ai bien le temps.
J'apprendrai demain.» Ah! Malheureusement, notre Alsace a
toujours remis son instruction au lendemain. Maintenant ces gens-
là peuvent nous dire: «Comment! Vous prétendiez être Français et
85 vous ne savez ni lire ni écrire votre langue!» Dans tout ça, mon
pauvre Franz, ce n'est pas encore toi le plus coupable. Nous avons
tous notre bonne part de reproches à nous faire.

«Vos parents n'ont pas assez tenu à° vous voir instruits. Ils did not care enough
aimaient mieux vous envoyer travailler à la terre ou dans les textiles
90 pour avoir de l'argent en plus. Moi-même, n'ai-je rien à me
reprocher? Est-ce que je ne vous ai pas souvent fait arroser° mon water
jardin au lieu de travailler? Et quand je voulais aller pêcher, est-ce
que je me gênais pour vous donner congé?°» did I mind giving you
the day off

Alors, d'une chose à l'autre, M. Hamel se mit à nous parler de
95 la langue française, disant que c'était la plus belle langue du monde,
la plus claire, la plus solide: qu'il fallait la garder entre nous et ne
jamais l'oublier. Elle resterait le symbole de notre liberté. Puis, il prit
une grammaire et nous lut notre leçon. J'étais étonné de voir
comme je comprenais. Tout ce qu'il disait me semblait facile, facile.
100 Je crois aussi que je n'avais jamais si bien écouté et que lui non plus
n'avait jamais mis autant de patience à ses explications. On aurait
dit qu'avant de s'en aller, le pauvre homme voulait nous donner tout
son savoir,° nous le faire entrer dans la tête finalement. knowledge

La leçon finie, on passa à l'écriture. Pour ce jour-là, M. Hamel
105 nous avait préparé des exemples tout neufs sur lesquels était écrit:

«France, Alsace. France, Alsace.» Cela faisait comme des petits drapeaux plantés tout autour de la classe. Il fallait voir comme chacun essayait de bien faire—et quel silence! On n'entendait rien que les plumes sur le papier. Un moment des abeilles entrèrent:
110 mais personne n'y fit attention, pas même les tout petits qui s'appliquaient à faire leurs lettres, avec un coeur, une conscience, comme si cela était du français... Sur le toit° de l'école, des pigeons   roof
roucoulaient tout bas, et je me disais en les écoutant:
    «Est-ce qu'on ne va pas les obliger à chanter en allemand, eux
115 aussi?»
    De temps en temps, quand je levais les yeux de dessus ma page, je voyais M. Hamel immobile dans sa chaire et fixant les objets autour de lui, comme s'il avait voulu emporter° dans son regard   to carry off
toute sa petite maison d'école... Pensez! depuis quarante ans, il était
120 là à la même place, avec sa cour en face de lui et sa classe toute pareille... Quelle torture ça devait être pour ce pauvre homme de quitter toutes ces choses et d'entendre sa soeur qui allait, venait, dans la chambre au-dessus, en train de fermer leurs valises! Car ils devaient partir le lendemain, s'en aller du pays pour toujours.
125   Tout de même,° il eut le courage de nous faire la classe jusqu'au   All the same
bout. Après l'écriture, nous eûmes° la leçon d'histoire; ensuite,   had
les petits chantèrent tous ensemble le BA BÉ BI BO BU.° Là-bas, au   exercise for
fond de la salle, le vieux Hauser avait mis ses lunettes, et, tenant son   practicing vowels
abécédaire° à deux mains, il épelait les lettres avec eux. On voyait   elementary reader
130 qu'il s'appliquait lui aussi: sa voix tremblait d'émotion, et c'était si drôle de l'entendre, que nous avions tous envie de rire et de pleurer. Ah! je m'en souviendrai de cette dernière classe...
    Tout à coup, on entendit sonner midi. Au même moment, les trompettes des Prussiens qui revenaient de l'exercice éclatèrent°   rang out
135 sous nos fenêtres... M. Hamel se leva, tout pâle, dans sa chaire. Jamais il ne m'avait semblé si grand.
    «Mes amis, dit-il, mes, je... je... »
    Mais quelque chose l'étouffait. Il ne pouvait pas terminer sa phrase.
140   Alors il se tourna vers le tableau, prit un morceau de craie et, en appuyant de toutes ses forces, il écrivit aussi gros qu'il put:
    «Vive la France!»
    Puis il resta là, la tête contre le mur, sans parler, avec sa main, il nous faisait signe:
145   «C'est fini... allez-vous-en.»

AVEZ-VOUS COMPRIS?

Choisissez la réponse correcte.

1. Franz a peur d'être grondé parce qu'il…
   a. est très en retard
   b. a de mauvaises notes
   c. tapait sur les tables

2. Pourquoi est-ce que l'ancien maire, l'ancien facteur et des gens du village sont dans la salle de classe?
   a. Ils veulent étudier l'allemand.
   b. Ils veulent honorer M. Hamel.
   c. Ils veulent gronder les élèves.

3. Selon M. Hamel, qu'est-ce qui restera le symbole de la liberté?
   a. l'histoire
   b. l'école
   c. la langue française

4. Quels sont les derniers mots que M. Hamel écrit au tableau?
   a. «C'est fini… allez-vous-en.»
   b. «Mes enfants, c'est la dernière fois que je vous fais la classe.»
   c. «Vive la France!»

EXPÉRIENCE PERSONNELLE

Franz trouve M. Hamel très courageux. Est-ce que vous connaissez une personne courageuse (un professeur, un membre de votre famille, un athlète)? En utilisant un diagramme, décrivez une situation dans laquelle cette personne a démontré son courage.

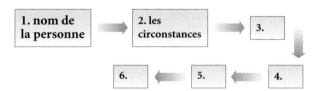

ENRICHISSEZ VOTRE VOCABULAIRE

l'argot (m.) *slang*
une expression figurée *figurative expression*
une faute *mistake*
une idée *idea*
la langue maternelle *native language*
le mot juste *the right word; the exact word*
une pensée *thought*
le sens *meaning*
le sens propre *literal meaning*
un symbole *symbol*

définir *to define*
effacer *to erase*
s'exprimer *to express oneself*
se rappeler *to remember*
rédiger *to write; to compose*
se tromper *to make a mistake*

Activité 1 LA VIE DU NARRATEUR

Choisissez le mot approprié de la liste.

l'école	Berlin	tableau
mur	chanter	écrire
l'Alsace	pigeons	la scierie

1. Les Prussiens faisaient l'exercice derrière…

2. Franz se demande si les…vont être obligés
   de chanter en allemand.

3. L'ordre est venu de…de n'enseigner que l'allemand dans les écoles.

4. Quand Franz apprend que c'est sa dernière leçon de français,
   il se rend compte qu'il sait à peine…sa langue maternelle.

5. À la fin de l'histoire, M. Hamel a la tête contre le…

Activité 2 LE LANGAGE

Complétez chaque phrase suivante avec un mot approprié
d'ENRICHISSEZ VOTRE VOCABULAIRE.

1. Un journaliste…des articles pour un journal.

2. Beaucoup de poètes aiment utiliser des métaphores, c'est-à-dire
   des expressions…

3. Vous écrivez un paragraphe pour votre cours d'anglais. Vous
   cherchez dans le dictionnaire pour trouver…pour exprimer votre
   opinion avec exactitude.

4. Si vous êtes né(e) en France, votre…est le français.

5. Si vous habitez longtemps dans une ville étrangère, vous
   connaissez sans doute…particulier à cette ville.

Activité 3 EN PAIRES

Imaginez la dernière conversation entre Franz et M. Hamel. Avec
un(e) partenaire, jouez les rôles des deux personnages. Présentez
votre dialogue devant la classe.

4 EXPRESSION PERSONNELLE

Choisissez un passage du texte que
vous avez trouvé très émouvant.
Expliquez pourquoi. Utilisez un
diagramme pour organiser vos idées.
Écrivez vos résultats dans un paragraphe.

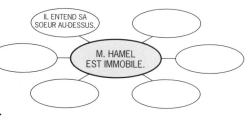

AVANT D'ÉCRIRE

Quand vous décrivez un événement qui a déjà eu lieu, vous devez mettre
les verbes au passé. Pour décrire les événements (ce qui s'est passé),
utilisez **le passé composé**. Pour décrire les circonstances d'un
événement, employez **l'imparfait**.

Modèle: Hier, *il faisait* très froid et *j'ai fait* du ski avec mes amis.

| imparfait | passé composé |
| (circonstance) | (événement) |

5 EXPRESSION ÉCRITE

Imaginez que vous êtes Franz et que vous êtes adulte. Vous écrivez
une lettre à votre instituteur M. Hamel pour le remercier de tout
ce qu'il a fait pour ses élèves. Décrivez ce que vous avez aimé dans
son cours, ce que vous avez appris de lui et pourquoi vous tenez
à votre langue maternelle. N'oubliez pas d'utiliser le passé composé
et l'imparfait.

Note CULTURELLE

La Prusse était une nation militaire
du Centre-nord de l'Europe. L'Allemagne
envahit la France pendant la guerre
franco-allemande de 1870. La Prusse
devint le plus grand état de l'empire
allemand quand le roi de Prusse devint
empereur de l'Allemagne unie en 1871.
Les armées prussiennes étaient les plus
entraînées et les plus disciplinées du monde. Après la deuxième guerre
mondiale (1939-1945), la Prusse fut divisée en petits départements et
elle devint un état de l'Allemagne.

STRATÉGIE DE LECTURE

● Des verbes comme **ils trouvèrent** ou **ils allèrent** sont au passé simple. Ce temps est l'équivalent littéraire du passé composé.

ils trouvèrent = ils ont trouvé

ils allèrent = ils sont allés

À VOUS

Donnez votre opinion personnelle.

1 Un exemple de bijou est…

  a. une bague
  b. une boîte
  c. un sac

2 …est un travail ménager.

  a Faire la vaisselle
  b. Faire les devoirs
  c. Faire la fête

3 Une soirée est une…

  a. fête
  b. boutique
  c. société

Contes

SÉLECTION 2

BIOGRAPHIE

Guy de Maupassant est né en 1850 au château de Miromesnil à Dieppe, en France. Inspiré et encouragé par Gustave Flaubert, il commence à écrire. Maupassant écrit des nouvelles et des contes. Son premier succès, *Boule de suif* (*Ball of Fat*), est publié en 1880. Après ce livre, il écrit à peu près 300 contes et plusieurs romans. Ses romans, *Le Horla* (*Hallucination*) et *La Peur* (*Fear*), décrivent la folie et la peur avec une exactitude horrifiante. Maupassant tombe fou en 1892 et il est envoyé à un hospice d'aliénés à Paris. Il est mort en 1893.

INTRODUCTION

L'extrait que vous allez lire contient les deux dernières parties du texte original. On y fait la connaissance d'un jeune couple, M. et Mme Loisel. L'épouse, Mathilde, est une femme qui rêve d'une vie de luxe tandis que son mari se contente de leur vie modeste. Mathilde passe ses journées à pleurer de chagrin, de regret et de désespoir. Le mari se rend compte de la tristesse de sa femme et obtient une invitation à une fête élégante. Il la donne à sa femme, mais elle se plaint (*complains*) de ne pas avoir de toilette (*clothing*) adéquate. Finalement, son mari lui donne de l'argent pour acheter une nouvelle robe, et elle emprunte un collier à une amie, Mme Forestier.

VOCABULAIRE

un écrin Une petite boîte dans laquelle on met des bijoux s'appelle **un écrin**.

emprunter Si vous avez besoin d'un livre, mais vous ne voulez pas l'acheter, vous pouvez aller à la bibliothèque et l'**emprunter**.

prêter Si vous aimez bien le nouveau compact disque que votre ami(e) a acheté, il/elle pourrait vous le **prêter** pour quelques jours. Il/Elle vous le **prête**, mais il faut le lui rendre quand vous aurez fini de l'écouter.

La Parure

Guy de Maupassant

Le jour de la fête arriva. Mme Loisel eut un succès. Elle était plus jolie que toutes. Tous les hommes la regardaient, demandaient son nom, cherchaient à être présentés.

Elle dansait avec ivresse,° avec emportement, grisée° par le
5 plaisir, ne pensant plus à rien, dans le triomphe de sa beauté, de toutes ces admirations, de tous ces désirs éveillés, de cette victoire si complète et si douce° au coeur des femmes.

Elle partit vers quatre heures du matin. Son mari, depuis minuit, dormait dans un petit salon désert avec trois autres
10 messieurs dont les femmes s'amusaient beaucoup.

Il lui jeta sur les épaules les vêtements qu'il avait apportés pour la sortie, modestes vêtements de la vie ordinaire, dont la pauvreté jurait° avec l'élégance de la toilette de bal.

Loisel la retenait.
15 «Tu vas attraper° froid dehors. Je vais appeler un fiacre.°»

Ils descendaient vers la Seine, désespérés,° grelottants.° Enfin ils trouvèrent sur le quai un de ces vieux coupés noctambules.° Il les ramena jusqu'à leur porte, rue des Martyrs, et ils remontèrent tristement chez eux. C'était fini, pour elle. Et il songeait, lui, qu'il lui
20 faudrait être au Ministère à dix heures.

Elle ôta° les vêtements dont elle s'était enveloppé les épaules, devant la glace, afin de° se voir encore une fois dans sa gloire. Mais soudain elle poussa un cri. Elle n'avait plus sa rivière° autour du cou!

Son mari, à moitié dévêtu° déjà, demanda:
25 «Qu'est-ce que tu as?»

rapture / intoxicated

sweet

clashed

to catch / carriage
desperate / shivering
late-night

took off
in order to
necklace
undressed

Elle se tourna vers lui, affolée:°   *panic-stricken*

«J'ai … j'ai … je n'ai plus la rivière de Mme Forestier.»

Il se dressa,° éperdu: *stood up*

«Quoi! … comment! … Ce n'est pas possible!»

30   Et ils cherchèrent dans les plis° de la robe, dans les plis du   *folds*
manteau, dans les poches, partout. Ils ne la trouvèrent point.

Il demandait:

«Tu es sûre que tu l'avais encore en quittant le bal?»

—Oui, je l'ai touchée dans le vestibule du Ministère.

35   —Mais, si tu l'as perdue dans la rue, nous l'aurions entendue
tomber. Elle doit être dans le fiacre.

—Oui. C'est probable. As-tu pris le numéro?

—Non. Et toi, tu ne l'as pas regardé?

—Non.»

40   Ils se contemplaient atterrés.° Enfin Loisel se rhabilla.°   *stupefied / dressed again*

«Je vais, dit-il, refaire tout le trajet° que nous avons fait à pied,   *route*
pour voir si je ne la retrouverai pas.»

Loisel revint le soir, avec la figure° creusée,° pâlie; il n'avait rien   *face / sunken*
découvert.

45   «Il faut, dit-il, écrire à ton amie que tu as brisé° la fermeture° de   *broke / clasp*
sa rivière et que tu la fais réparer. Cela nous donnera le temps de
nous retourner.°»   *to sort things out*

Au bout d'une semaine, ils avaient perdu toute espérance.°   *hope*

Et Loisel, vieilli de cinq ans, déclara:

50   «Il faut aviser à° remplacer ce bijou.»   *to see to*

Ils prirent, le lendemain, la boîte qui l'avait renfermé, et se
rendirent° chez le joaillier,° dont le nom se trouvait dedans. Il   *went / jeweler*
consulta ses livres:

«Ce n'est pas moi, Madame, qui ai vendu cette rivière, j'ai dû
55   seulement fournir l'écrin.»

Alors ils allèrent de bijoutier en bijoutier, cherchant une parure
pareille à l'autre, consultant leurs souvenirs, malades tous deux de
chagrin et d'angoisse. Ils trouvèrent, dans une boutique du Palais-
Royal, un chapelet° de diamants qui leur parut entièrement   *string*
60   semblable à celui qu'ils cherchaient. Il valait quarante mille francs.
On le leur laisserait à° trente-six mille. Ils prièrent° donc le joaillier   *would let them have it for/ begged*
de ne pas le vendre avant trois jours. Et ils firent condition qu'on
le reprendrait, pour trentre-quatre mille francs, si le premier était
retrouvé avant la fin de février.

65   Loisel possédait dix-huit mille francs que lui avait laissés son
père. Il emprunterait le reste.

      Il emprunta, demandant mille francs à l'un, cinq cents à l'autre,
cinq louis° par ci, trois par là. Il fit des billets,° prit des engagements
ruineux, eut affaire aux° usuriers, à toutes les races de prêteurs.° Il
70 compromit toute la fin de son existence, il alla chercher la rivière
nouvelle, en déposant sur le comptoir du marchand trente-six mille
francs.

      Quand Mme Loisel reporta la parure à Mme Forestier, celle-ci
lui dit, d'un air froissé:°

75   «Tu aurais dû me la rendre plus tôt, car je pouvais en avoir
besoin.»

      Elle n'ouvrit pas l'écrin, ce que redoutait° son amie. Si elle s'était
aperçue de la substitution, qu'aurait-elle pensé? Qu'aurait-elle dit?
Ne l'aurait-elle pas prise pour une voleuse?

⚜

80   Mme Loisel connut la vie horrible des nécessiteux.° Elle prit son
parti, d'ailleurs, tout d'un coup, héroïquement. Il fallait payer cette
dette effroyable. Elle payerait. On renvoya° la bonne, on changea
de logement; on loua sous les toits une mansarde.°

      Elle connut les gros travaux de ménage, les odieuses besognes°
85 de la cuisine. Elle lava la vaisselle, usant° ses ongles roses sur les
poteries grasses et le fond des casseroles. Elle descendit à la rue,
chaque matin, les ordures, et monta l'eau, s'arrêtant à chaque étage
pour souffler.° Et, vêtue comme une femme du peuple, elle alla
chez le fruitier, chez l'épicier, chez le boucher, le panier° au bras,
90 marchandant,° injuriée, défendant sou à sou° son misérable argent.

      Il fallait chaque mois payer des billets, en renouveler° d'autres,
obtenir du temps.

      Le mari travaillait le soir à mettre au net° les comptes d'un
commerçant, et la nuit, souvent, il faisait de la copie à cinq sous
95 la page.

      Et cette vie dura dix ans.

      Au bout de dix ans, ils avaient restitué° tout, avec le taux de
l'usure,° et l'accumulation des intérêts superposés.

      Mme Loisel semblait vieille, maintenant. Elle était devenue
100 la femme forte, et dure, et rude, des ménages pauvres. Mal peignée,
avec les jupes de travers° et les mains rouges, elle parlait haut, lavait
à grande eau les planchers. Mais parfois, lorsque son mari était au
bureau, elle s'asseyait auprès de la fenêtre, et elle songeait à cette

gold coins / IOUs/
dealt with / money-lenders

offended

feared

needy, poor people

dismissed
small room

chores
wearing down

catch her breath
basket
bargaining / penny by penny

to renew

settling

paid back
high interest rates

on crooked

soirée d'autrefois, à ce bal, où elle avait été si belle et si fêtée.

105 Que serait-il arrivé si elle n'avait point perdu cette parure? Qui sait? qui sait? Comme la vie est singulière,° changeante! Comme il faut peu de chose pour vous perdre° ou vous sauver!

odd
ruin

❧

Or, un dimanche, comme elle était allée faire un tour aux Champs-Élysées pour se délasser° des besognes de la semaine, elle 110 aperçut tout à coup une femme qui promenait un enfant. C'était Mme Forestier, toujours jeune, toujours belle, toujours séduisante.

to relax

Mme Loisel se sentit émue.° Allait-elle lui parler? Oui, certes. Et maintenant qu'elle avait payé, elle lui dirait tout. Pourquoi pas?

nervous

Elle s'approcha.

115 «Bonjour, Jeanne.»

L'autre ne la reconnaissait point, s'étonnant d'être appelée ainsi familièrement par cette bourgeoise. Elle balbutia:°

stammered

«Mais… Madame!… Je ne sais… Vous devez vous tromper.

–Non. Je suis Mathilde Loisel.»

120 Son amie poussa un cri:

«Oh! ma pauvre Mathilde, comme tu es changée!…

–Oui, j'ai eu des jours bien durs, depuis que je ne t'ai vue; et bien des misères … cela à cause de toi!…

–De moi… Comment ça?

125 –Tu te rappelles bien cette rivière de diamants que tu m'as prêtée pour aller à la fête du Ministère.

–Oui. Eh bien?

–Eh bien, je l'ai perdue.

–Comment! puisque tu me l'as rapportée.

130 –Je t'en ai rapporté une autre toute pareille. Et voilà dix ans que nous la payons. Tu comprends que ça n'était pas aisé° pour nous, qui n'avions rien… Enfin c'est fini, et je suis rudement° contente.

easy
very

Mme Forestier s'était arrêtée.

–Tu dis que tu as acheté une rivière de diamants pour remplacer 135 la mienne?

–Oui. Tu ne t'en étais pas aperçue, hein? Elles étaient bien pareilles.»

Et elle souriait d'une joie orgueilleuse° et naïve.

proud

Mme Forestier, fort émue,° lui prit les deux mains.

deeply moved

140 «Oh! ma pauvre Mathilde! Mais la mienne était fausse. Elle valait au plus cinq cents francs!…»

AVEZ-VOUS COMPRIS?

Choisissez la réponse correcte.

1. Quel mot n'est pas synonyme de parure?
   a. chapelet
   b. bijoutier
   c. rivière

2. Les Loisel ont renvoyé la bonne parce qu'...
   a. ils n'avaient plus les moyens de la payer
   b. elle ne faisait pas bien son travail
   c. ils ne s'entendaient pas bien

3. Mme Forestier ne reconnaît pas Mathilde tout de suite parce que...
   a. Mme Forestier a mal aux yeux ce jour-là
   b. Mme Loisel semble vieille et très changée
   c. Mme Loisel est déguisée

4. La parure originale de Mme Forestier avait...
   a. des diamants
   b. de faux diamants
   c. des pierres précieuses

EXPÉRIENCE PERSONNELLE

Est-ce que vous avez jamais emprunté quelque chose à un(e) ami(e) pour aller à une fête? Quoi? Décrivez ce que vous avez emprunté. Si vous n'avez jamais rien emprunté, pensez à ce que vous avez prêté (*loaned*) (disque compact, livre, bijou, etc.) à un(e) ami(e). Pourquoi est-ce qu'il/elle avait besoin de cet objet? Utilisez une page de journal pour organiser vos réponses.

> J'ai emprunté/prêté...
>
> C'était...(titre, couleur, taille, etc.)
>
> J'en avais besoin parce que...
>
> Mon ami(e) en avait besoin parce que...
>
> J'ai rendu cet objet...plus tard.
>
> Mon ami(e) a rendu cet objet...plus tard.

ENRICHISSEZ VOTRE VOCABULAIRE

l'amitié friendship
le bonheur happiness
la douleur pain; sadness
l'ennui (m.) boredom

content glad
déprimé depressed
ennuyeux, ennuyeuse boring
heureux, heureuse happy

l'espoir (m.) hope
le plaisir pleasure
le sentiment feeling
un souci worry

malheureux, malheureuse unhappy
sensible sensitive
triste sad

① EN ORDRE!

Mettez les événements dans le bon ordre.

1. Mathilde apprend que la parure qu'elle a perdue était fausse.
2. Mathilde aperçoit Mme Forestier aux Champs-Élysées.
3. Mathilde se rend compte que la parure n'est plus autour de son cou.
4. Les Loisel achètent la nouvelle parure.
5. Les Loisel se présentent chez le joaillier.
6. Les Loisel changent de domicile.

② LE SENTIMENT

Choisissez les mots qui décrivent les situations suivantes.

1. Demain c'est l'anniversaire de la mère d'Alexandre. Il ne peut plus trouver la parure qu'il lui a achetée! Il est (**triste/ennuyeux**).
2. Anne voudrait bien aller passer quelques mois en Australie. C'est un très grand (**souci/espoir**).
3. Lynne n'a rien à faire. Elle ressent de l'(**amitié/ennui**).
4. Jérôme a beaucoup étudié pour son examen de maths, mais il a reçu une mauvaise note. Il est (**déprimé/heureux**).
5. Ma meilleure copine s'appelle Christine. Nous sommes amies depuis huit ans. Nous avons une grande (**douleur/amitié**).

③ EN PAIRES

Imaginez que vous êtes membre d'un groupe de votre école qui organise un bal ce weekend. C'est jeudi et vous pensez à ce qu'il manque *(missing)* pour que le bal soit *(is)* un succès. Avec votre partenaire, écrivez un petit dialogue où l'un(e) de vous va emprunter quelque chose et l'autre va prêter cet objet. Présentez votre dialogue à la classe.

le bal ➡ 1. «Il nous faut des disques compacts.» ➡ 2. ➡ 3.

Activité 4 — EXPRESSION PERSONNELLE

À votre avis, qu'est-ce que Mathilde va dire à son mari quand elle sera rentrée de sa rencontre avec Mme Forestier aux Champs-Élysées? Imaginez leur conversation et écrivez-la. Utilisez au moins cinq mots d'ENRICHISSEZ VOTRE VOCABULAIRE dans la conversation.

AVANT D'ÉCRIRE

Essayez de combiner deux phrases simples pour décrire quelqu'un ou quelque chose. Utilisez des **adjectifs** ou une phrase avec **qui**.

Modèle: J'ai une parure. La parure est jolie et chère.

 *J'ai une **jolie** parure **chère**.*

ou: *J'ai une parure **qui** est **jolie** et **chère**.*

Activité 5 — EXPRESSION ÉCRITE

Pensez à une occasion où vous avez perdu quelque chose. Qu'est-ce que c'était? Est-ce que c'était cher? Est-ce que vous l'aviez emprunté à quelqu'un? Comment vous vous êtes senti(e) au moment où vous vous êtes rendu compte que vous l'aviez perdu? Décrivez la situation en un paragraphe de 8-10 phrases.

Note CULTURELLE

Vous pouvez visiter le château où Guy de Maupassant est né. Le château de Miromesnil se trouve près de Tourville-sur-Arques, en Normandie. Ce château est entouré de hêtres séculaires *(century-old beech trees)*. Promenez-vous dans le parc entouré de murs en briques roses. Ce parc est dominé par

un cèdre bicentenaire, où le potager fleuri *(kitchen garden)* est un exemple rare de jardin potager traditionnel. Vous verrez des fleurs et des légumes qui forment des plate-bandes *(flower-beds)* charmantes. Sous les énormes arbres du parc se cache une chapelle gothique!

LECTURES LITTÉRAIRES AVANCÉES

CHRONOLOGIE

CHRONOLOGIE DE L'HISTOIRE		OEUVRES LITTÉRAIRES
Grotte de Lascaux	15 000 av. J-C	
Jules César conquiert la Gaule	58-51 av. J-C	
Naissance de Jésus-Christ	0	
Empire de Charlemagne	800-814	
Croisades	1096-1270	**13e Siècle**
Guerre de 100 Ans, franco-anglaise	1337-1453	**Un troubadour** *Aucassin et Nicolette*
Jeanne d'Arc délivre la ville d'Orléans	1429	(date inconnue)
Voyages de Christophe Colomb	1492-1504	
Vie de Shakespeare	1564-1616	**16e Siècle**
	1578	**Ronsard** *Sonnets pour Hélène*
Mayflower à Plymouth	1620	**17e Siècle**
	1636	**Corneille** *Le Cid*
Règne de Louis XIV en France	1643-1715	
	1668	**La Fontaine** *La Cigale et la Fourmi*
	1673	**Molière** *Le Malade imaginaire*
Vie de Benjamin Franklin	1706-1790	**18e Siècle**
	1721	**Montesquieu** *Lettres persanes*
	1756	**Jeanne Marie Leprince de Beaumont** *La Belle et la Bête*
	1759	**Voltaire** *Candide*
	1770	**Marie-Antoinette** *Comment je passe mes journées*
Washington - président des États-Unis	1789-1797	
Révolution française	1789-1799	
Empire de Napoléon Bonaparte	1800-1814	**19e Siècle**
Thomas Jefferson achète la Louisiane	1803	
Mission de Lewis et Clark	1804	
	1857	**Baudelaire** *Correspondances*
Darwin, *De l'origine des espèces par voie de sélection naturelle*	1859	
Guerre de sécession aux États-Unis	1860-1865	
Louis Pasteur découvre les microbes	1863	
	1866	**Verlaine** *Chanson d'automne*
	1870	**Rimbaud** *Le Dormeur du val*
	1873	**Daudet** *La Dernière Classe*
	1884	**Maupassant** *La Parure*
Marie Curie - prix Nobel de chimie	1911	**20e Siècle**
	1912	**Apollinaire** *Le Pont Mirabeau*
1ère guerre mondiale	1914-1918	
2e guerre mondiale	1939-1945	
	1957	**Camus** *L'Hôte*
Construction du Mur de Berlin	1961	
Indépendance de l'Algérie	1962	
Guerre du Viêt-nam	1962-1973	
Assassinat du président Kennedy	1963	
1ère marche sur la lune	1969	
	1979	**Bâ** *Une si longue lettre*
Mur tombe à Berlin	1989	
Dissolution de l'URSS, Fin de l'apartheid en Afrique du Sud, Guerre du Golfe	1991	
	1993	**Duras** *La Mort du jeune aviateur anglais*
Hong Kong revient à la Chine	1997	

STRATÉGIE DE LECTURE

● Candide est un mot apparenté à l'anglais. Pensez à la signification de ce titre.

À VOUS

Donnez votre opinion personnelle.

1 On appelle une jeune fille de naissance noble…

    a. une baronne
    b. une demoiselle
    c. une dame

2 Un oracle est une personne considérée comme…

    a. obscure
    b. incapable
    c. infaillible

3 Si on est candide, on est…

    a. innocent
    b. coupable
    c. méchant

18ᵉ Siècle	
1721	—**Montesquieu** *Lettres persanes*
1756	—**Jeanne Marie Leprince de Beaumont** *La Belle et la Bête*
1759	—**Voltaire** *Candide*
1770	—**Marie-Antoinette** *Comment je passe mes journées*

Contes et récits

SÉLECTION 1

BIOGRAPHIE

Voltaire (nom de plume de François-Marie Arouet) est né à Paris en 1694. Très jeune, il connaît le succès en tant qu'écrivain. Quand Voltaire devient célèbre, il commence à critiquer la société et l'autorité. En 1717, après avoir écrit des vers pour se moquer du gouvernement, Voltaire est emprisonné à la Bastille pendant onze mois. Il profite de ce temps en prison pour écrire une tragédie, *Oedipe*, qui lui apporte un grand renom. Il a écrit *Candide* en 1759. Voltaire est mort à Paris en 1778.

INTRODUCTION

Candide est l'oeuvre la plus connue de Voltaire. C'est un conte philosophique qui parle des aventures d'un jeune homme appelé Candide. Pendant ses voyages, Candide connaît de dures épreuves (*hardships*). Son maître, Pangloss, lui apprend que l'optimisme est nécessaire pour ne pas perdre l'esprit. Candide se pose des questions pour mieux comprendre la nature des hommes et le bien et le mal. Cet extrait est au début du conte quand Voltaire nous présente le personnage de Candide.

VOCABULAIRE

une sottise **Une sottise** est synonyme d'une bêtise. Les clowns font souvent des **sottises** pour amuser les spectateurs au cirque.

soupçonner Quand on suspecte quelqu'un, on le **soupçonne**. Quand les agents de police **soupçonnent** que quelqu'un a commis un crime, ils l'interrogent.

voisinage Le quartier où vous habitez avec vos voisins est votre **voisinage**. Un **voisinage** peut être un ensemble de maisons ou d'appartements.

la hardiesse Si vous avez l'audacité de faire quelque chose, vous avez **la hardiesse** de le faire. Il vous faut de **la hardiesse** pour parler à votre proviseur s'il n'est pas très approchable.

Candide

Voltaire

I. Comment Candide fut élevé dans un beau château, et comment il fut chassé d'icelui° — from it

Il y avait en Westphalie, dans le château de monsieur le baron de Thunder-ten-tronckh, un jeune garçon à qui la nature avait donné les moeurs° les plus douces. Sa physionomie annonçait son âme. Il avait le jugement assez droit, avec l'esprit le plus simple; c'est, je crois, pour cette raison qu'on le nommait Candide. Les anciens domestiques de la maison soupçonnaient qu'il était le fils de la soeur de monsieur le baron, et d'un bon et honnête gentilhomme du voisinage, que cette demoiselle ne voulut jamais épouser, parce qu'il n'avait pu prouver que soixante et onze quartiers,° et que le reste de son arbre généalogique avait été perdu par l'injure du temps. — *habits* ... *quarterings (heraldic divisions of coat-of-arms proving noble descent)*

Monsieur le baron était un des plus puissants seigneurs de la Westphalie, car son château avait une porte et des fenêtres. Sa grande salle même était ornée d'une tapisserie. Tout le monde l'appelait Monseigneur, et ils riaient quand il faisait des contes.

Madame la baronne, qui pesait environ trois cent cinquante livres, s'attirait par là une très grande considération, et faisait les honneurs de la maison avec une dignité qui la rendait encore plus respectable. Sa fille Cunégonde, âgée de dix-sept ans, était haute en couleur, fraîche, grasse, appétissante. Le fils du baron paraissait en tout digne de son père. Le précepteur Pangloss était l'oracle de la maison, et le petit Candide écoutait ses leçons avec toute la bonne foi° de son âge et de son caractère. — *faith*

25 Pangloss enseignait la métaphysico-théologo-cosmolo-
nigologie.° Il prouvait admirablement qu'il n'y a point d'effet sans
cause, et que, dans ce meilleur des mondes possibles, le château de
monseigneur le baron était le plus beau des châteaux et madame
la meilleure des baronnes possibles.

«Il est démontré, disait-il, que les choses ne peuvent être
30 autrement: car tout étant fait pour une fin, tout est nécessaire pour
la meilleure fin. Remarquez bien que les nez ont été faits pour
porter des lunettes, aussi avons-nous des lunettes. Les jambes sont
visiblement instituées pour être chaussées, et nous avons des
chausses. Les pierres ont été formées pour être taillées,° et pour en
35 faire des châteaux; aussi monseigneur a un très beau château; le plus
grand baron de la province doit être le mieux logé; et les cochons
étant faits pour être mangés, nous mangeons du porc toute l'année:
par conséquent, ceux qui ont avancé que tout est bien ont dit une
sottise; il fallait dire que tout est au mieux.»

40 Candide écoutait attentivement, et croyait innocemment; car il
trouvait mademoiselle Cunégonde extrêmement belle, quoiqu'il°
ne prît jamais la hardiesse de le lui dire. Il concluait qu'après le
bonheur d'être né baron de Thunder-ten-tronckh, le second degré
de bonheur était d'être mademoiselle Cunégonde; le troisième, de
45 la voir tous les jours, et le quatrième, d'entendre maître Pangloss,
le plus grand philosophe de la province, et par conséquent de toute
la terre.

Un jour Cunégonde rencontra Candide en revenant au château,
et rougit; Candide rougit aussi; elle lui dit bonjour d'une voix
50 entrecoupée,° et Candide lui parla sans savoir ce qu'il disait. Le
lendemain après le dîner, comme on sortait de la table, Cunégonde
et Candide se trouvèrent derrière un paravent;° Cunégonde laissa
tomber son mouchoir, Candide le ramassa; elle lui prit
innocemment la main, le jeune homme baisa innocemment la main
55 de la jeune demoiselle avec une vivacité, une sensibilité, une grâce
toute particulière; leurs bouches se rencontrèrent et leurs yeux
s'enflammèrent. Monsieur le baron Thunder-ten-tronckh passa
auprès du paravent, et, voyant cette cause et cet effet, chassa
Candide du château à grands coups de pied dans le derrière;
60 Cunégonde s'évanouit;° elle fut souffletée° par madame la baronne
dès qu'elle fut revenue à elle-même; et tout fut consterné° dans
le plus beau et le plus agréable des châteaux possibles.

an exaggeration of pretentious philosophical terms of German scholars

carved

although he

broken

partition

fainted / slapped

saddened

AVEZ-VOUS COMPRIS?

Choisissez la réponse correcte.

1. Les anciens domestiques de la maison soupçonnaient que Candide était le fils de la…de monsieur le baron.
   a. mère
   b. soeur
   c. tante

2. Pangloss ne cesse de dire qu' (que)…
   a. il n'y a pas d'effet sans cause
   b. on vit dans un monde assez agréable
   c. les hommes sont en général sots

3. *Chausses* est synonyme de…
   a. pantalon
   b. chaussures
   c. chasse

4. Candide et Cunégonde se trouvent…
   a. sous un pont
   b. dans le petit bois
   c. derrière un paravent

5. On a chassé Candide du château parce que/qu'…
   a. il était obligé d'aller à la guerre
   b. Cunégonde ne l'aimait plus
   c. le baron l'a vu en train d'embrasser Cunégonde

EXPÉRIENCE PERSONNELLE

Dans le premier paragraphe du texte, il y a une description de Candide et de Cunégonde. En utilisant un diagramme, décrivez-vous ou décrivez un(e) membre de la classe. Pensez à tous les adjectifs possibles pour bien décrire cette personne.

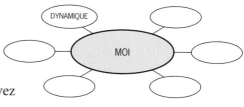

ENRICHISSEZ VOTRE VOCABULAIRE

cela demande réflexion *it needs to be thought about*

se décider, prendre une décision *to make up one's mind*

demander conseil à quelqu'un *to ask advice of someone*

dire ce qu'on pense *to speak one's mind*

dire ses vérités à quelqu'un *to give someone a piece of one's mind*

être du même avis *to have the same opinion*

être embarrassé(e) *to be at a loss*

réfléchir à la question *to think something over*

Activité ❶ LES DÉCISIONS ET LES OPINIONS

Complétez chaque phrase avec un mot ou une expression d'ENRICHISSEZ VOTRE VOCABULAIRE.

1. Si on a un choix à faire et on ne sait pas quoi choisir, on ne peut pas…

2. Avant de prendre une décision importante, il faut bien…

3. Souvent quand on est fâché contre quelqu'un, on lui…

4. Si votre soeur a la même opinion que vous, on peut dire qu'elle…

5. Vous avez un dilemme et vous décidez d'en parler à votre meilleur(e) ami(e). C'est-à-dire, vous allez lui…

6. Quand vous vous trouvez dans une situation où vous ne savez pas quoi dire, vous êtes…

Activité ❷ LE BONHEUR

Le texte révèle les degrés de bonheur de Candide. Il en a combien? Quels sont-ils? Faites votre propre liste de degrés de bonheur. Utilisez un diagramme comme celui-ci pour organiser vos idées.

LES DEGRÉS DE BONHEUR DE CANDIDE	MES DEGRÉS DE BONHEUR
1. Être né baron de…	1.
2.	2.
3.	3.
4.	4.

Activité ❸ EN PAIRES

À votre avis, pourquoi Pangloss dit-il que le château du baron est le meilleur et que la baronne est la meilleure? Quel est son intérêt à déclarer cela? Est-il sincère? Discutez de ce sujet avec votre partenaire.

Activité 4 — EXPRESSION PERSONNELLE

Voltaire est connu pour sa satire. La satire, c'est quand on critique les vices et les ridicules de son époque. Trouvez un extrait satirique dans le texte. Pourquoi cet extrait est-il satirique? Maintenant, essayez de penser dans le style de Voltaire. Trouvez une bande animée satirique de nos jours (*Zippy*, *Shoe* ou *Dilbert*, par exemple) et écrivez deux ou trois paragraphes qui expliquent le sujet.

AVANT D'ÉCRIRE

Quand vous écrivez, vous devez penser à votre public. C'est-à-dire que le langage et le choix du sujet doivent être intéressants pour les lecteurs. Par exemple, si vous écrivez un article pour un magazine pour les jeunes, votre style d'écriture doit attirer leur attention.

Activité 5 — EXPRESSION ÉCRITE

Ce texte parle de la vie de Candide. Imaginez que vous avez l'occasion de faire un film sur votre vie. Faites le sommaire de ce film. Qui formera votre public? des adultes? des jeunes? Soyez sûr(e) que votre style d'écriture va leur plaire. Quelle star de cinéma allez-vous choisir pour tenir votre rôle? Comment est-il/elle?

Note CULTURELLE

Est-ce que vous pensez que la littérature française n'existe que dans les livres? Ce n'est pas vrai! Une représentation théâtrale de *Candide* a été développée par Leonard Bernstein. Sur scène, on rencontre le jeune Westphalien, Candide, qui voyage partout dans le monde. Cette opérette de Bernstein nous montre l'importance de l'optimisme d'une manière divertissante.

Contes et récits

SÉLECTION 2

STRATÉGIE DE LECTURE

● Essayez de bien comprendre les rapports entre les trois personnages.

À VOUS

Donnez votre opinion personnelle.

1 L'Algérie se trouve… de l'Afrique.

a. au sud
b. au nord
c. à l'est

2 La langue officielle de l'Algérie est…

a. l'arabe
b. le français
c. l'espagnol

3 Un instituteur est un…

a. médecin
b. professeur
c. secrétaire

BIOGRAPHIE

Albert Camus est né le 7 novembre 1913 en Algérie. À l'école, son instituteur, Louis Germain, le pousse à passer le concours des bourses *(grants)*: il pourra ainsi poursuivre ses études au lycée et à l'université. Camus était existentialiste comme son contemporain Jean-Paul Sartre. Les existentialistes croient que l'homme a le libre arbitre *(free will)*, qu'il est responsable de toutes ses actions, et que la vie est souvent absurde et sans explication. Son roman existentialiste *L'Étranger* est très célèbre. Camus reçoit le prix Nobel de littérature en 1957. Journaliste, écrivain, passionné de théâtre, il marque la vie culturelle française de 1936 à 1960. Le 4 janvier 1960, il trouve la mort dans un accident de voiture.

INTRODUCTION

Daru est l'instituteur d'une petite école française qui se situe dans une région rude, sèche et solitaire, sur les hauts plateaux d'Algérie. Il voit son camarade Balducci, un vieux gendarme, qui approche avec un Arabe. L'Arabe est prisonnier et il a les mains liées avec une corde. Balducci vient avec les ordres de l'armée.

VOCABULAIRE

accueillir Quand quelqu'un **accueille** une personne dans sa maison, il démontre son hospitalité. Quand vous restez dans une famille à l'étranger, cette famille vous **accueille**.

abriter **Abriter** veut dire protéger quelqu'un ou quelque chose. On utilise un parasol à la plage pour s'**abriter** du soleil et un parapluie pour s'**abriter** de la pluie.

buté **Buté** est synonyme d'obstiné. On peut dire qu'on est **buté** si on ne considère jamais le point de vue des autres.

patrouiller Quand la police surveille des quartiers pour empêcher les criminels d'agir, elle **patrouille**. Les agents de police **patrouillent** les rues en voiture.

LECTURES LITTÉRAIRES AVANCÉES Contes et récits

L'Hôte

Albert Camus

Il sortit et avança sur le terre-plein devant l'école. Les deux hommes étaient maintenant à mi-pente. Il reconnut dans le cavalier, Balducci, le vieux gendarme qu'il connaissait depuis longtemps. Balducci tenait au bout d'une corde un Arabe qui avançait derrière
5 lui, les mains liées, le front baissé. Ils approchaient. Balducci maintenait sa bête au pas pour ne pas blesser l'Arabe et le groupe avançait lentement.

À portée de voix, Balducci cria:

– Une heure pour faire les trois kilomètres d'El Ameur ici!

10 – Salut, dit Daru, quand ils débouchèrent° sur le terre-plein.   *emerged*
Entrez vous réchauffer.

Daru prit la bride, conduisit la bête vers l'appentis,° et revint   *shed*
vers les deux hommes qui l'attendaient maintenant dans l'école. Il les fit pénétrer dans sa chambre.

15 – Je vais chauffer la salle de classe, dit-il. Nous y serons plus à l'aise.

Quand il entra de nouveau dans la chambre, Balducci était sur le divan. Il avait dénoué la corde qui le liait à l'Arabe et celui-ci s'était accroupi° près du poêle. Les mains toujours liées, le chèche°   *crouched / turban*
20 maintenant poussé en arrière, il regardait vers la fenêtre.

– Passez à côté, dit l'instituteur, je vais vous faire du thé à la menthe.

Avec le thé, Daru apporta une chaise, mais Balducci trônait° déjà   *was sitting imposingly*
sur la première table d'élève et l'Arabe s'était accroupi contre
25 l'estrade° du maître, face au poêle qui se trouvait entre le bureau et   *platform*
la fenêtre. Quand il tendit le verre de thé au prisonnier, Daru hésita devant ses mains liées.

— On peut le délier, peut-être.

— Sûr, dit Balducci. C'était pour le voyage.

30 — Bon, dit Daru. Et comme ça, où allez-vous?

Balducci retira sa moustache du thé:

— Ici, fils.

— Drôles d'élèves! Vous couchez ici?

— Non. Je vais retourner à El Ameur. Et toi, tu livreras°   will deliver

35 le camarade à Tinguit. On l'attend à la commune mixte.

Balducci regardait Daru avec un petit sourire d'amitié.

— Qu'est-ce que tu racontes, dit l'instituteur. Tu te fous de moi?°   Do you take me for an idiot?

— Non, fils. Ce sont les ordres.

— Les ordres? Je ne suis pas...

40 Daru hésita; il ne voulait pas peiner le vieux Corse.

— Enfin, ce n'est pas mon métier.

— Eh! Qu'est-ce que ça veut dire? À la guerre, on fait tous
les métiers.

— Alors, j'attendrai la déclaration de guerre!

45 Balducci approuva de la tête.

Daru gardait son air buté.

— Écoute, fils, dit Balducci. Nous sommes une douzaine à El
Ameur pour patrouiller dans le territoire d'un petit département et
je dois rentrer. On m'a dit de te confier ce type et de rentrer sans
50 tarder. On ne pouvait pas le garder là-bas. Son village s'agitait, ils
voulaient le reprendre. Tu dois le mener à Tinguit dans la journée de
demain. Ce n'est pas une vingtaine de kilomètres qui font peur
à un costaud comme toi. Après, ce sera fini. Tu retrouveras tes élèves
et la bonne vie.

55 — Enfin, dit-il en se retournant vers Balducci, qu'est-ce qu'il
a fait?

Et il demanda, avant que le gendarme ait ouvert la bouche:

— Il parle français?

— Non, pas un mot. On le recherchait depuis un mois, mais ils
60 le cachaient. Il a tué son cousin.

— Il est contre nous?

— Je ne crois pas. Mais on ne peut jamais savoir.

*À l'étonnement du gendarme, prêt à revenir à son poste, Daru laisse
les mains libres à son prisonnier arabe et refuse le revolver de Balducci. Ce
65 dernier, ému, avoue qu'il a toujours eu honte d'attacher un homme et qu'une
telle action le dégoûte profondément. Daru et l'Arabe passent une nuit agitée.*

Quand il se réveilla, le ciel était découvert. L'Arabe dormait, recroquevillé° maintenant sous les couvertures, la bouche ouverte, *curled up*
totalement abandonné. Mais quand Daru le secoua, il eut un sursaut
70 terrible, regardant Daru sans le reconnaître avec des yeux fous et
une expression si apeurée° que l'instituteur fit un pas en arrière. *frightened*
– N'aie pas peur. C'est moi. Il faut manger.
L'Arabe secoua la tête et dit oui. Le calme était revenu sur son
visage, mais son expression restait absente et distraite.
75 Le café était prêt. Ils le burent, assis tous deux sur le lit de camp,
en mordant leurs morceaux de galette. Puis Daru mena l'Arabe sous
l'appentis et lui montra le robinet où il faisait sa toilette. Il sortit
alors sur le terre-plein en passant par l'école. Il pensait à Balducci.
Il lui avait fait de la peine, il l'avait renvoyé, d'une certaine manière,
80 comme s'il ne voulait pas être dans le même sac. Il entendait encore
l'adieu du gendarme et, sans savoir pourquoi, il se sentait
étrangement vide et vulnérable. À ce moment, de l'autre côté de
l'école, le prisonnier toussa. Daru l'écouta, presque malgré lui, puis,
furieux, jeta un caillou qui siffla dans l'air avant de s'enfoncer° dans *sinking*
85 la neige. Le crime imbécile de cet homme le révoltait, mais le livrer
était contraire à l'honneur: d'y penser seulement le rendait fou
d'humiliation. Et il maudissait° à la fois les siens qui lui envoyaient *cursed*
cet Arabe et celui-ci qui avait osé tuer et n'avait pas su s'enfuir. Daru
se leva, tourna en rond sur le terre-plein, attendit, immobile, puis
90 entra dans l'école.
L'Arabe, penché sur le sol cimenté de l'appentis, se lavait
les dents avec deux doigts. Daru le regarda, puis:
– Viens, dit-il.
Il rentra dans la chambre, devant le prisonnier. Ils passèrent
95 dans l'école et l'instituteur montra la sortie à son compagnon.
– Va, dit-il.
L'autre ne bougea pas.
– Je viens, dit Daru.
L'Arabe sortit. Daru rentra dans la chambre et fit un paquet avec
100 des biscottes, des dattes et du sucre.
– C'est par là, dit-il.
Allons, dit Daru.

Les deux hommes marchent pendant deux heures, en descendant vers le sud.

105 Daru inspecta les deux directions. Il n'y avait que le ciel à l'horizon, pas un homme ne se montrait. Il se tourna vers l'Arabe, qui le regardait sans comprendre. Daru lui tendit un paquet:

— Prends, dit-il. Ce sont des dattes, du pain, du sucre. Tu peux tenir deux jours. Voilà mille francs aussi.

110 L'Arabe prit le paquet et l'argent, mais il gardait ses mains pleines à hauteur de la poitrine, comme s'il ne savait que faire de ce qu'on lui donnait.

— Regarde maintenant, dit l'instituteur, et il lui montrait la direction de l'est, voilà la route de Tinguit. Tu as deux heures de

115 marche. À Tinguit, il y a l'administration et la police. Ils t'attendent.

Ça, c'est la piste qui traverse le plateau. À un jour de marche d'ici, tu trouveras les pâturages° et les premiers nomades. Ils   pastures t'accueilleront et t'abriteront, selon leur loi.

L'Arabe s'était retourné maintenant vers Daru et une sorte de

120 panique se levait sur son visage:

— Écoute, dit-il.

Non, tais-toi. Maintenant, je te laisse.

Il lui tourna le dos, fit deux grands pas dans la direction de l'école, regarda d'un air indécis l'Arabe immobile et repartit. Au

125 bout d'un moment, pourtant, il se retourna. L'Arabe était toujours là, les bras pendants maintenant, et il regardait l'instituteur. Daru sentit sa gorge se nouer.° Mais il jura° d'impatience, fit un grand   a lump in his throat / signe, et repartit. Il était déjà loin quand il s'arrêta de nouveau   swore et regarda. Il n'y avait plus personne sur la colline.

130 L'instituteur revint sur ses pas, d'abord un peu incertain, puis avec décision. Quand il parvint° à la petite colline, il ruisselait° de   reached / was dripping sueur. Il la gravit° à toute allure et s'arrêta, essoufflé, sur le sommet.   climbed Les champs de roche, au sud, se dessinaient nettement sur le ciel bleu, mais sur la plaine, à l'est, une buée° de chaleur montait déjà. Et   wave

135 dans cette brume° légère, Daru, le cœur serré, découvrit l'Arabe qui   mist cheminait lentement sur la route de la prison.

Un peu plus tard, planté devant la fenêtre de la salle de classe, l'instituteur regardait sans la voir la jeune lumière bondir des hauteurs du ciel sur toute la surface du plateau. Derrière lui, sur

140 le tableau noir, entre les méandres des fleuves français s'étalait, tracée à la craie par une main malhabile, l'inscription qu'il venait de lire: «Tu as livré notre frère. Tu paieras.» Daru regardait le ciel, le plateau et, au-delà, les terres invisibles qui s'étendaient jusqu'à la mer. Dans ce vaste pays qu'il avait tant aimé, il était seul.

AVEZ-VOUS COMPRIS?

Choisissez la réponse correcte.

1. Daru et Balducci sont…
   a. des prisonniers
   b. des connaissances
   c. des ennemis

2. Balducci est…
   a. corse
   b. français
   c. algérien

3. L'Arabe est prisonnier parce qu'il a tué…
   a. son frère
   b. son père
   c. son cousin

4. Daru refuse de…Balducci.
   a. prendre le revolver de
   b. suivre les ordres de
   c. donner du thé à

5. Daru offre…à l'Arabe.
   a. la prison
   b. la liberté
   c. l'école

EXPÉRIENCE PERSONNELLE

Balducci exige *(demands)* que Daru lui rende service. Est-ce que quelqu'un a déjà essayé de vous obliger à faire quelque chose à contre-cœur *(against your will)*? Qu'avez-vous fait? Utilisez un diagramme pour écrire le pour et le contre de votre décision et de votre action.

Ce qu'on me demandait de faire	
Décision:	
Action:	

le pour	le contre

ENRICHISSEZ VOTRE VOCABULAIRE

amical *friendly*
coupable *guilty*
digne *worthy*
guerrier *warlike*
indigne *unworthy*
méprisable *contemptible*
pacifique *peaceful*
suffisant *conceited*
vaniteux *conceited*

acquitter *to acquit*
condamner *to sentence*
faire son devoir *to do one's duty*
mépriser *to despise*
rendre service *to oblige; to help*
vouloir du mal à quelqu'un
  to wish somebody harm

la conduite *behavior*
la conscience morale
  conscience
le pardon *forgiveness*
une vertu *virtue*
un vice *vice*

 1 TROUVEZ LES CONTRAIRES!

Faites correspondre chaque mot de la **Colonne A** avec son contraire de la **Colonne B**. (Quelques mots de la **Colonne B** sont des mots que vous connaissez déjà.)

A	B
1. une vertu	**a.** pacifique
2. coupable	**b.** indigne
3. acquitter	**c.** hostile
4. guerrier	**d.** condamner
5. digne	**e.** un vice
6. amical	**f.** innocent

2 COMPRÉHENSION

Répondez à chaque question avec une phrase complète.

1. Comment est-ce que l'Arabe arrive à l'école où Daru est instituteur?
2. Qu'est-ce que Daru sert à Balducci et à l'Arabe?
3. Pourquoi est-ce qu'on ne peut pas garder l'Arabe au village?
4. Qu'est-ce que Daru donne à l'Arabe avant de quitter l'école?
5. Qu'est-ce qui est écrit sur le tableau dans la salle de classe de Daru?

3 EN PAIRES

Imaginez que l'Arabe parle français. Avec un(e) partenaire, jouez les rôles de l'Arabe et de Daru. Quelle est leur conversation après le départ de Balducci? Est-ce que l'Arabe admet qu'il a peur du futur? Est-ce qu'il demande pardon à Daru? Après avoir fini, jouez votre dialogue devant la classe.

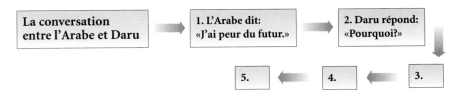

La conversation entre l'Arabe et Daru → 1. L'Arabe dit: «J'ai peur du futur.» → 2. Daru répond: «Pourquoi?»

5. ← 4. ← 3.

Activité 4 — EXPRESSION PERSONNELLE

Camus était existentialiste, c'est-à-dire qu'il croyait que l'homme est la somme de toutes ses décisions, et qu'il est responsable de toutes ses actions. Selon vous, qu'est-ce que la conscience morale? Êtes-vous d'accord avec la décision de Daru? Pourquoi ou pourquoi pas? Expliquez votre opinion. Après, vous pouvez former deux équipes pour débattre la décision de Daru.

AVANT D'ÉCRIRE

Dans *L'Hôte* on voit tout avec les yeux de Daru. Rappelez-vous que le point de vue d'un personnage détermine comment les événements sont décrits.

Modèle: *Le crime imbécile de cet homme le révoltait, mais le livrer était contraire à l'honneur: d'y penser seulement le rendait fou d'humiliation.*

Le narrateur nous informe seulement des pensées de Daru. Imaginez comment l'histoire pourrait être différente si on connaissait les pensées des deux autres personnages.

Activité 5 — EXPRESSION ÉCRITE

Choisissez l'un des personnages du texte. Imaginez le point de vue de cette personne à la fin de l'histoire. Écrivez un paragraphe qui décrit les pensées et les réactions de cette personne. Comparez vos idées avec les autres membres de la classe.

Note CULTURELLE

Est-ce que vous savez que le désert du Sahara occupe plus de 80% de l'Algérie? Moins de 3% des Algériens habitent dans le Sahara. Pendant la journée, les températures peuvent monter jusqu'à 120° F (49° C). L'été, le sirocco, un vent chaud, sec et plein de poussière, souffle vers le nord à travers la région. Des palmiers dattiers poussent dans des oasis où ils obtiennent de l'eau grâce à des sources souterraines.

STRATÉGIE DE LECTURE

● Un des thèmes principaux de ce texte est la tradition. La tradition et le progrès coexistent-ils dans le texte?

À VOUS

Donnez votre opinion personnelle.

1 Le Sénégal se trouve…
  a. en Europe
  b. en Martinique
  c. en Afrique

2 Rupture est synonyme de…
  a. séparation
  b. addition
  c. portion

3 Quand on a du chagrin, on…
  a. s'amuse
  b. souffre
  c. s'ennuie

CHAPITRE 8

Contes et récits

SÉLECTION 3

BIOGRAPHIE

Mariama Bâ est née en 1929 au Sénégal. Elle a été élevée par ses grands-parents, dans un milieu musulman traditionnel. À l'époque, son père était Ministre de la Santé. Mariama obtient son diplôme d'institutrice en 1947 et enseigne pendant douze ans. Mère de 9 enfants, divorcée, elle a été l'épouse du député Obèye Diop. En 1980 elle a obtenu le prix Noma, un prix qui honore une oeuvre méritoire dans la lutte contre l'analphabétisme *(illiteracy)*, pour son premier roman. Bâ est morte en 1981.

INTRODUCTION

Ce texte est un extrait de lettre. Ramatoulaye, une Sénégalaise, écrit à sa meilleure amie, Aïssatou. Les maris des deux femmes ont d'autres épouses en accord avec les traditions de l'Islam. Quand Ramatoulaye apprend que son mari va la laisser avec leurs 12 enfants, elle se pose des questions sur les conditions de la femme dans la société musulmane. Dans cet extrait, Ramatoulaye se souvient de l'époque où le mari d'Aïssatou, Mawdo, a décidé de prendre une coépouse, la petite Nabou.

VOCABULAIRE

brûler On **brûle** des vieux papiers qu'on ne veut plus. **Brûler** veut dire détruire par le feu.

chuchoter Quand on est à la bibliothèque, on ne parle pas très fort. On **chuchote**. **Chuchoter** est l'action de parler à voix basse pour ne pas déranger *(disturb)* les autres.

louer Beaucoup de gens **louent** des voitures quand ils partent en vacances. Quand on **loue** une voiture, on doit payer après l'avoir rendue à l'agence de location.

une sage-femme Quand une femme va avoir un enfant, elle peut demander l'aide d'**une sage-femme**. Souvent les **sages-femmes** travaillent à domicile et non pas à l'hôpital. **La sage-femme** aide à mettre le bébé au monde.

Une si longue lettre

Mariama Bâ

La petite Nabou est entrée à l'école française. Mûrissant sous la protection de sa tante, elle apprenait le secret des sauces délicieuses, à manier fer à repasser et pilon.° Sa tante ne manquait jamais l'occasion de lui rappeler son origine royale et lui enseignait que

5   la qualité première d'une femme est la docilité.

    Après son certificat d'études et quelques années au lycée, Tante Nabou a conseillé à sa nièce de passer le concours d'entrée à l'École des Sages-Femmes d'État: «Cette école est bien. Là, on éduque. Des jeunes filles sobres, sans boucles d'oreilles, vêtues de blanc, couleur

10   de la pureté. Le métier que tu y apprendras est beau; tu gagneras ta vie et tu aideras à naître des serviteurs de Mahomet.° En vérité, l'instruction d'une femme n'est pas à pousser. Et puis, je me demande comment une femme peut gagner sa vie en parlant matin et soir.»

15   La petite Nabou est donc devenue sage-femme. Un beau jour, Tante Nabou a convoqué Mawdo et lui a dit: «Mon frère te donne la petite Nabou comme femme pour me remercier de la façon digne° dont je l'ai élevée. Si tu ne la gardes pas comme épouse, je ne m'en relèverai jamais.° La honte tue plus vite que la maladie.»

pestle

Mohammed

honorable

I'll never get over it

20 Je savais. La ville savait. Toi, Aïssatou, tu ne soupçonnais° rien. °suspected
Et parce que sa mère avait pris date pour la nuit nuptiale, Mawdo a
enfin eu le courage de te dire ce que chaque femme chuchotait: tu
avais une coépouse. «Ma mère est vieille. Les chocs et les déceptions° °disappointments
ont rendu son coeur fragile. Si je méprise cette enfant, elle mourra.
25 C'est le médecin qui parle, non le fils. Pense donc, la fille de son
frère, élevée par ses soins, rejetée par son fils. Quelle honte devant
la société!»

C'est «pour ne pas voir sa mère mourir de honte et de chagrin»
que Mawdo était décidé à aller au rendez-vous de la nuit nuptiale.
30 Devant cette mère rigide, pétrie° de morale ancienne, brûlée °formed
intérieurement par les féroces lois antiques, que pouvait Mawdo Bâ?
Il vieillissait et puis, voulait-il seulement résister? La petite Nabou
était bien jolie...

Alors, tu n'as plus compté, Aïssatou, pas plus que tes quatre fils:
35 ceux-ci ne seront jamais les égaux des fils de la petite Nabou. Les
enfants de la petite Nabou seront de sang royal. La mère de Mawdo,
princesse, ne pouvait pas se reconnaître dans les fils d'une simple
bijoutière. Et puis une bijoutière peut-elle avoir de la dignité, de
l'honneur?
40 Mawdo ne te chassait pas.° Il allait à son devoir et souhaitait que °wasn't kicking you out
tu restes. La petite Nabou habiterait toujours chez sa mère; c'est toi
qu'il aimait.

Tu as choisi la rupture, un aller sans retour avec tes quatre fils.
Tu as eu le courage de t'assumer. Tu as loué une maison et, au lieu
45 de regarder en arrière, tu as fixé l'avenir obstinément.

AVEZ-VOUS COMPRIS?

Choisissez la réponse correcte.

1. Tante Nabou est…
   a. la mère de Mawdo
   b. la tante de Mawdo
   c. la coépouse de Mawdo

2. …était sage-femme.
   a. Aïssatou
   b. La petite Nabou
   c. Tante Nabou

3. Mawdo dit qu'il accepte de prendre la petite Nabou comme co-épouse parce qu'il…
   a. était amoureux d'elle
   b. n'aimait plus sa femme, Aïssatou
   c. ne voulait pas faire de chagrin à sa mère

4. …auront du sang royal.
   a. Les quatre fils de Mawdo et d'Aïssatou
   b. Les enfants de Mawdo et de la petite Nabou
   c. Mawdo et Aïssatou

5. À la fin, Aïssatou décide de…
   a. s'en aller avec ses quatre fils
   b. rester à la maison avec Mawdo et leurs quatre fils
   c. s'en aller toute seule

EXPÉRIENCE PERSONNELLE

Souvenez-vous d'une situation difficile que vous avez confrontée. Est-ce que vous en avez parlé à un(e) ami(e)? Est-ce que cet(te) ami(e) vous a aidé(e)? Comment? Utilisez une page de journal pour montrer comment vous avez surmonté *(got over)* vos difficultés.

Mon dilemme était…

J'ai parlé à…

Il/Elle m'a conseillé de…

J'ai surmonté mes difficultés en…

ENRICHISSEZ VOTRE VOCABULAIRE

s'assumer *to take control of one's life*
enseigner *to teach*
élever (un enfant) *to raise (a child)*
faire de grands efforts *to strive hard*
n'en faire qu'à sa tête *to have one's own way*
gagner sa vie *to earn one's living*
garder *to observe; to respect*
mépriser *to disregard; to scoff at*

obéir *to obey*
rejeter *to reject; to dismiss*
renoncer *to give up*
de son plein gré *of one's own free will*
volontiers *willingly*
la loi *law*
une tradition *tradition*
une valeur *value*

Activité 1 EN FAMILLE

Choisissez des mots d'**ENRICHISSEZ VOTRE VOCABULAIRE** pour compléter
les phrases suivantes.

1. Les parents…leurs valeurs aux enfants.
2. M. Lebrun demande à son fils David de l'aider à la maison.
   David est poli. Il accepte et dit «Oui!…» à son père.
3. Une coutume qui est transmise de génération en génération
   est une…
4. Le gouvernement dicte des…qui règlent la société.
5. Une personne qui n'accepte ni les traditions ni les valeurs
   de sa famille les…
6. Quand on est adulte, on cherche du travail pour…

Activité 2 LA LETTRE DE RAMATOULAYE

Répondez aux questions suivantes par des phrases complètes.

1. Selon Tante Nabou, quelle est la qualité première d'une femme?
2. Pourquoi est-ce que Tante Nabou pense que l'École des
   Sages-Femmes d'État est bien?
3. Pourquoi est-ce que Mawdo a décidé de se marier avec
   la petite Nabou?
4. Selon Ramatoulaye, pourquoi est-ce que Tante Nabou a exigé
   que Mawdo prenne une coépouse?

Activité 3 EN PAIRES

Avec un(e) partenaire, discutez du caractère d'Aïssatou. Est-ce que
vous la trouvez courageuse? Pourquoi ou pourquoi pas? Organisez
vos idées dans un diagramme comme celui-ci.

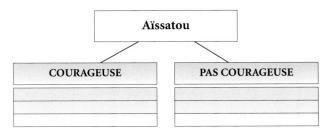

Activité 4 · EXPRESSION PERSONNELLE

Dans le texte, Aïssatou n'accepte pas la situation de coépouse. Elle prend sa vie en charge quand elle décide de quitter son mari. Qu'est-ce que vous faites pour vous assumer? Pour être citoyen(ne) responsable, élève responsable, membre de la famille responsable, est-ce qu'il faut avoir du courage? Pourquoi? Qu'est-ce qu'on doit/devrait faire? Exprimez votre opinion dans un paragraphe d'au moins dix phrases.

AVANT D'ÉCRIRE

Pour exprimer votre opinion sur un sujet, vous devez utiliser un ton persuasif. Essayez de trouver des exemples dans le texte et dans votre vie qui confirment votre opinion sur la vie d'Aïssatou. Soyez prêt(e) à défendre votre opinion avec des arguments convaincants.

Activité 5 · EXPRESSION ÉCRITE

Dans le texte, c'est Tante Nabou qui veut que son fils prenne une coépouse. Est-ce que vous êtes d'accord avec sa décision? Écrivez un paragraphe d'au moins huit phrases qui exprime votre opinion.

Note CULTURELLE

Les Wolofs constituent le premier groupe ethnique du Sénégal. Dans les régions agricoles, ils cultivent les cacahuètes (peanuts). On les rencontre dans les régions du Cap-Vert et de Diourbel. Le wolof est devenu la langue principale du Sénégal et est parlé par près de 80% de la population.

Voici quelques mots et expressions wolof:

FRANÇAIS	WOLOF
Comment allez-vous?	Naka nga def?
Je vais bien.	Mangi fi rek.
Merci	Ërë jëf
Oui	Waaw
Non	Deedeet
Manger	Lekk
Je veux, je voudrais	Dama bëgg, jour Bëcëk

STRATÉGIE DE LECTURE

● Remarquez l'usage des paragraphes courts. Quel effet est-ce que cela produit?

À VOUS

Donnez votre opinion personnelle.

1 La France s'est battue contre…pendant la deuxième guerre mondiale.

   a. l'Allemagne
   b. les États-Unis
   c. l'Angleterre

2 Un orphelin est quelqu'un qui n'a pas de…

   a. soeurs
   b. frères
   c. parents

3 Saigon se trouve…

   a. au Japon
   b. au Cambodge
   c. au Viêt-nam

CHAPITRE 8

Contes et récits

SÉLECTION 4

BIOGRAPHIE

Marguerite Duras est née en 1914 à Gia Dinh, en Indochine. En 1932, elle a déménagé à Paris où elle a étudié le droit, les mathématiques et les sciences politiques. Elle est devenue célèbre dans les années 50 grâce à ses romans comme *Un Barrage contre le Pacifique* (1950) et *Le Square* (1955). Elle a aussi écrit pour le théâtre et a réalisé de nombreux films souvent tirés de ses romans et de ses nouvelles. En 1984, elle a gagné le prix Goncourt, le prix littéraire le plus prestigieux de France. Marguerite Duras est morte chez elle à Paris en 1996.

INTRODUCTION

Cette histoire parle d'un jeune aviateur anglais tué à Vauville, dans le nord de la France, pendant la deuxième guerre mondiale. Le jeune homme était orphelin et avait vingt ans. La narratrice se souvient de sa première visite à Vauville. Elle ne s'attendait pas à y apprendre l'histoire du jeune aviateur.

VOCABULAIRE

la cime Le point le plus élevé d'une montagne ou d'un arbre s'appelle **la cime**. Souvent on met une étoile à **la cime** de l'arbre de Noël.

commerçant/commerçante Si on est dans le commerce, on est **un commerçant**. Une personne qui est propriétaire d'un magasin est **un commerçant**.

un panonceau Un panonceau est fait en métal et indique le nom d'un établissement ou comment y aller. Quand on est sur l'autoroute on voit les noms des villes et des rues écrits sur des **panonceaux**.

une sépulture La sépulture est l'endroit où on enterre un mort. Les **sépultures** forment des cimetières.

La Mort du jeune aviateur anglais

Marguerite Duras

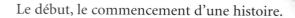

Le début, le commencement d'une histoire.

C'est l'histoire que je vais raconter, pour la première fois. Celle de ce livre ici.

Je crois que c'est une direction de l'écrit. C'est ça, l'écrit adressé,
5 par exemple, à toi, dont je ne sais encore rien.

À toi, lecteur:

Ça se passe dans un village très près de Deauville, à quelques kilomètres de la mer. Ce village s'appelle Vauville. Le département, c'est le Calvados.

10 Vauville.
C'est là. C'est le mot sur le panonceau.

Quand j'y suis allée pour la première fois, c'était sur le conseil d'amies, commerçantes à Trouville. Elles m'avaient parlé de la chapelle adorable de Vauville. J'ai donc vu l'église ce jour-là, cette
15 première fois, sans rien voir de ce que je vais raconter.

L'église est en effet très belle et même adorable. À sa droite il y a un petit cimetière du XIXe siècle, noble, luxueux, qui rappelle le Père-Lachaise, très orné, telle une fête immobile, arrêtée, au centre des siècles.

20   C'est de l'autre côté de cette église qu'il y a le corps du jeune aviateur anglais tué le dernier jour de la guerre.

Et au milieu de la pelouse,° il y a un tombeau. Une dalle° de granit gris clair, parfaitement polie. Je ne l'ai pas vue tout de suite, cette pierre. Je l'ai vue quand j'ai connu l'histoire.

                                                               lawn / tombstone

25   C'était un enfant anglais.

Il avait vingt ans.

Son nom est inscrit sur la dalle.

On l'a d'abord appelé le Jeune aviateur anglais.

Il était orphelin. Il était dans un collège de la province du nord
30   de Londres. Il s'était engagé° comme beaucoup de jeunes Anglais.   enlisted

C'étaient les derniers jours de la guerre mondiale. Le dernier peut-être, c'est possible. Il avait attaqué une batterie allemande. Pour rire. Comme il avait tiré° sur leur batterie, les Allemands   shot
avaient répliqué.° Ils ont tiré sur l'enfant. Il avait vingt ans.   retaliated

35   L'enfant est resté prisonnier de son avion. Un Meteor
monoplace.°   one-seater

C'est ça, oui. Il est resté prisonnier de l'avion. Et l'avion est tombé sur la cime d'un arbre de la forêt. C'est là – les gens du village le croient – qu'il est mort, au cours de cette nuit-là,
40   la dernière de sa vie.

Pendant un jour et une nuit, dans la forêt, tous les habitants de
Vauville l'ont veillé.° Comme avant, dans le temps ancien, comme   watched over the body
on l'aurait fait avant, ils l'ont veillé avec des bougies, des prières,
des chants, des pleurs, des fleurs. Et puis ils ont réussi à le sortir de
45 l'avion. Et l'avion, ils l'ont extrait de l'arbre. Ça a été long, difficile.
Son corps était resté prisonnier du réseau d'acier° et de l'arbre.   steel

Ils l'ont descendu de l'arbre. Ça a été très long. À la fin de la
nuit, ça avait été fait. Le corps une fois descendu, ils l'ont porté
jusqu'au cimetière et tout de suite ils ont creusé° la tombe. C'est   dug
50 le lendemain, je crois, qu'ils ont acheté la dalle de granit clair.

Ça c'est le départ de l'histoire.

Il est toujours là, le jeune Anglais, dans cette tombe-là. Sous
la dalle de granit.

L'année après sa mort, quelqu'un est venu pour le voir, ce jeune
55 soldat anglais. Il avait apporté des fleurs. Un vieil homme, anglais
lui aussi. Il est venu là pour pleurer sur la tombe de cet enfant et
prier. Il a dit qu'il était le professeur de cet enfant dans un collège du
nord de Londres. C'était lui qui avait dit le nom de l'enfant.

C'est lui qui avait dit aussi que cet enfant était un orphelin.
60 Qu'il n'y avait personne à prévenir.

Chaque année, il était revenu. Pendant huit ans.
Et sous la dalle de granit, la mort a continué à s'éterniser.°   to linger

Et puis il n'est plus jamais revenu.

Et plus personne sur la terre ne s'est souvenu de l'existence de
65 cet enfant sauvage, et fou, d'aucuns disaient : de cet enfant fou, qui
à lui seul, avait gagné la guerre mondiale.

Il n'y a plus eu que les habitants du village pour se souvenir et
s'occuper de la tombe, des fleurs, de la dalle de pierre grise. Moi,
je crois que pendant des années personne n'a su l'histoire en dehors
70 des gens de Vauville.

Le professeur avait dit le nom de l'enfant. Ce nom a été gravé
sur la tombe:
W. J. Cliffe.

Chaque fois que le vieil homme parlait de l'enfant, il pleurait.

75   La huitième année, il n'est pas revenu. Et jamais plus il n'est
revenu.

Mon petit frère était mort pendant la guerre du Japon. Il était
mort, lui, sans sépulture aucune. Jeté dans une fosse° commune   grave
par-dessus les derniers corps. Et c'est une chose si terrible à penser,
80   si atroce, qu'on ne peut pas la supporter, et dont on ne sait, avant de
l'avoir vécue, à quel point. Ce n'est pas le mélange des corps, pas du
tout, c'est la disparition de ce corps dans la masse des autres corps.
C'est le sien, son corps à lui, jeté dans la fosse des morts, sans un
mot, sans une parole. Sauf celle de la prière de tous les morts.

85   Pour le jeune aviateur anglais, ce n'était pas le cas puisque les
habitants du village avaient chanté et prié à genoux sur la pelouse
autour de sa tombe et qu'ils sont restés là toute la nuit. Mais ça m'a
quand même reportée à ce charnier° des environs de Saigon où est   mass grave
le corps de Paulo. Mais maintenant je crois qu'il y a plus que ça. Je
90   crois qu'un jour, beaucoup plus tard, plus tard encore, je ne sais pas
bien, mais déjà je le sais, oui, beaucoup plus tard, je retrouverai, je
le sais déjà, quelque chose de matériel que je reconnaîtrai comme
un sourire arrêté dans les trous de ses yeux. Des yeux de Paulo. Là,
il y a plus que Paulo. Pour que ça devienne un événement tellement
95   personnel, cette mort du jeune aviateur anglais, il y a plus que ce
que je crois, moi.

Je ne saurai jamais quoi. On ne saura jamais.
Personne.

AVEZ-VOUS COMPRIS?

Choisissez la réponse correcte.

1. Le jeune aviateur était dans
   un collège de la province du nord…
   a. de Paris
   b. de Londres
   c. de Vauville

2. Son avion est tombé…
   a. sur la cime d'une montagne
   b. dans une fosse
   c. sur la cime d'un arbre

3. Le vieux professeur est revenu sur
   la tombe chaque année pendant…ans.
   a. huit
   b. dix
   c. douze

4. Le petit frère de la narratrice est
   mort pendant…
   a. la première guerre mondiale
   b. la deuxième guerre mondiale
   c. la guerre du Japon

5. Un charnier est la tombe…
   a. d'une personne
   b. de deux personnes
   c. de beaucoup de personnes

EXPÉRIENCE PERSONNELLE

Est-ce que vous êtes allé(e) à une nouvelle école? ou est-ce que
vous avez visité une ville que vous ne connaissiez pas comme
la narratrice du texte? Souvenez-vous de cette expérience. Utilisez
un organigramme pour décrire ce que vous avez vu ou ce que vous
avez fait. Essayez de vous souvenir du plus grand nombre de détails
possible.

| Le nom de la ville | → | 1. J'ai visité la plage. | → | 2. |

ENRICHISSEZ VOTRE VOCABULAIRE

un cercueil *coffin*
le défunt *deceased*
le deuil *mourning*
la douleur *pain*
un enterrement *burial*
les funérailles (f. pl.) *funeral*
une guérison *recovery*
un héritier/une héritière
  heir/heiress

affligé *grief-stricken*
désespéré *despairing; desperate*
douloureux *painful*
enterrer *to bury*
faire son testament *to make one's will*
guérir *to heal*
prendre le deuil *to go into mourning*
rendre le dernier soupir *to breathe one's last breath*
se rétablir *to get well*

① VOCABULAIRE

Complétez chaque phrase avec un mot d'**ENRICHISSEZ VOTRE VOCABULAIRE**.

1. Le but d'un médecin est de…les malades.
2. Si on veut nommer ses héritiers, on va chez un avocat pour…
3. On prend…quand quelqu'un de proche meurt.
4. Après les funérailles, on va au cimetière pour…le défunt.
5. Quand on est malade il faut prendre des médicaments pour se…

② COMPRÉHENSION

Répondez aux questions suivantes par des phrases complètes.

1. Vauville se situe dans quel département français?
2. La dalle sur la tombe du jeune aviateur anglais est en quelle matière?
3. Qu'est-ce que les habitants de Vauville ont utilisé pendant qu'ils ont veillé le jeune aviateur anglais?
4. Quel est le nom du jeune aviateur anglais?
5. Que faisait le vieil homme à chaque fois qu'il parlait de l'aviateur?
6. Où est-ce que le petit frère de la narratrice a été enterré?

③ EN PAIRES

Avec un(e) partenaire, écrivez une description dans le style de Duras, c'est-à-dire avec des paragraphes courts et en utilisant des répétitions. Commencez votre description, puis demandez à votre partenaire d'ajouter un paragraphe. Continuez à alterner jusqu'à ce que la description soit complète. Comme sujet, vous pouvez choisir un endroit comme la cantine ou le stade, ou un événement réel, historique, ou imaginaire. Lisez votre description devant la classe.

4 EXPRESSION PERSONNELLE

La narratrice est allée à Vauville sur
le conseil d'amies. Elles lui avaient parlé
de la chapelle adorable de Vauville.
Imaginez que vous parlez avec un(e)
ami(e) de votre ville. Est-ce qu'il y a
quelque chose (un monument, une plage, un magasin, etc.) que vous
aimez bien? Utilisez un diagramme pour le décrire à votre ami(e).

AVANT D'ÉCRIRE

Quand vous racontez une histoire vous devez utiliser des détails précis et
des descriptions physiques pour évoquer une situation. Écrivez des phrases
pour vous aider à trouver des adjectifs. Faites une liste d'adjectifs que vous
pouvez utiliser dans une description.

Modèle: La dame était (vieille, gentille, bossue, etc.).
L'hiver était (froid, dur, neigeux, etc.).

5 EXPRESSION ÉCRITE

La narratrice se souvient d'une expérience inattendue. Est-ce que
vous avez eu ce genre d'expérience? Est-ce que c'était une situation
sérieuse? troublante? humoristique? Comment cela a-t-il changé
votre façon de voir les choses? Décrivez cela avec le plus de détails
possible en deux ou trois paragraphes.

Note CULTURELLE

Le Nouveau Roman est un mouvement littéraire des
années 50 et 60. Marguerite Duras, Alain Robbe-Grillet,
Michel Butor et Nathalie Sarraute sont des écrivains
associés à ce mouvement. Ces écrivains n'étaient plus
satisfaits par le roman traditionnel et ils voulaient faire
évoluer l'écriture. Le style du Nouveau Roman est
souvent caractérisé par un ton austère et brusque.
En général, les Nouveaux Romanciers préfèrent la
description physique à la métaphore. Ils manipulent
aussi le temps et le déroulement du roman pour créer
une certaine ambiguïté.

**Alain Robbe-Grillet,
Nouveau Romancier**

Théâtre

SÉLECTION 1

STRATÉGIE DE LECTURE

● La pièce *Le Cid* est écrite en vers, c'est-à-dire que la fin de chaque ligne rime avec celle de la ligne suivante.

À VOUS

Donnez votre opinion personnelle.

1 «Sire» est le titre utilisé pour s'adresser à…

   a. un roi
   b. une jeune fille
   c. un noble

2 Quelqu'un d'audacieux est quelqu'un qui…

   a. n'a aucun courage
   b. accomplit des exploits
   c. n'aime pas les héros

3 On fait justice quand on…

   a. commet un affront
   b. punit un criminel
   c. va voir le roi

	17ᵉ SIÈCLE
1636	—**Corneille** *Le Cid*
1668	—**La Fontaine** *La Cigale et la Fourmi*
1673	—**Molière** *Le Malade imaginaire*

BIOGRAPHIE

Pierre Corneille est né à Rouen, en 1606. Corneille est le maître de la tragédie classique qu'il aide à définir. Après ses premières pièces, il recevra la protection du cardinal de Richelieu. Membre de l'Académie française à partir de 1647, un échec (*failure*) en 1651 le décourage et il abandonne le théâtre pendant sept ans. Le succès reviendra en 1659 quand il présentera de nouvelles tragédies au public français. Corneille est considéré aujourd'hui comme l'un des plus grands auteurs classiques français. Il est mort en 1684.

INTRODUCTION

Les pièces de Corneille présentent des héros prêts à tout sacrifier pour l'honneur placés dans des situations dramatiques et complexes. Écrit en 1636, *Le Cid* raconte l'histoire de Rodrigue (*le Cid*), un jeune homme qui défend l'honneur de son père, Don Diègue. Le père de Chimène, la fiancée du Cid, a en effet insulté Don Diègue. Pour venger son père, le Cid tue le père de Chimène. La jeune fille est alors déchirée (*torn*) entre son amour pour Rodrigue, sa douleur (*pain*) et son désir de vengeance. Dans cette scène, Chimène vient demander justice au roi Don Fernand, tandis que (*while*) Don Diègue vient demander la clémence pour son fils, Rodrigue.

VOCABULAIRE

le supplice **Un supplice** est une punition corporelle douloureuse. La torture est **un supplice** inhumain.

le flanc Le côté du corps s'appelle **le flanc**. Quand on dort couché sur le côté, on dort sur **le flanc**.

la muraille Un mur épais et haut est appelé **une muraille**. La grande **muraille** de Chine est un monument fameux.

la couronne Un roi ou une reine porte **une couronne** sur la tête. La **couronne** est généralement faite en or et ornée de pierres précieuses.

l'effroi L'**effroi** est une très grande peur. Par exemple, un violent orage peut causer de l'**effroi** chez les jeunes enfants.

Le Cid

Pierre Corneille

Acte II, Scène V:
Don Fernand, Don Diègue, Chimène,
Don Sanche, Don Arias, Don Alonse

Chimène	Sire, Sire, justice!
Don Diègue	Ah! Sire, écoutez-nous.
Chimène	Je me jette à vos pieds.
Don Diègue	J'embrasse vos genoux.
Chimène	Je demande justice.
Don Diègue	Entendez ma défense.
Chimène	D'un jeune audacieux punissez l'insolence:

5
                Il a de votre sceptre abattu° le soutien,°   cut down / support
                Il a tué mon père.

Don Diègue	Il a vengé le sien.
Chimène	Au sang de ses sujets un roi doit la justice.
Don Diègue	Pour la juste vengeance il n'est point de supplice.
Don Fernand	Levez-vous l'un et l'autre, et parlez à loisir.

10
                Chimène, je prends part à votre déplaisir;
                D'une égale douleur je sens mon âme° atteinte.°   soul / touched

(à Don Diègue)	Vous parlerez après; ne troublez pas sa plainte.	
Chimène	Sire, mon père est mort; mes yeux ont vu son sang	
	Couler à gros bouillons° de son généreux flanc;	gushing out
15	Ce sang qui tant de fois garantit vos murailles,	
	Ce sang qui tant de fois vous gagna des batailles,	
	Ce sang qui tout sorti fume encor de courroux°	rage
	De se voir répandu pour d'autres que pour vous,	
	Qu'au milieu des hasards n'osait verser° la guerre,	to pour
20	Rodrigue en votre cour vient d'en couvrir la terre.	
	J'ai couru sur le lieu, sans force et sans couleur:	
	Je l'ai trouvé sans vie. Excusez ma douleur,	
	Sire, la voix me manque à ce récit funeste;°	disastrous
	Mes pleurs et mes soupirs° vous diront mieux	sighs
	le reste.	
25 Don Fernand	Prends courage, ma fille, et sache qu'aujourd'hui	
	Ton roi te veut servir de père au lieu de lui.	
Chimène	Sire, de trop d'honneur ma misère est suivie.	
	Je vous l'ai déjà dit, je l'ai trouvé sans vie;	
	Son flanc était ouvert; et, pour mieux	
	m'émouvoir,°	to upset
30	Son sang sur la poussière écrivait mon devoir;°	duty
	Ou plutôt sa valeur en cet état réduite	
	Me parlait par sa plaie,° et hâtait° ma poursuite;	wound / hastened
	Et, pour se faire entendre au plus juste des rois,	
	Par cette triste bouche elle empruntait ma voix.	
35	Sire, ne souffrez pas que sous votre puissance	
	Règne devant vos yeux une telle licence;	
	Que les plus valeureux, avec impunité,	
	Soient exposés aux coups de la témérité;	
	Qu'un jeune audacieux triomphe de leur gloire,	
40	Se baigne dans leur sang, et brave leur mémoire.	
	Un si vaillant guerrier qu'on vient de vous ravir	
	Éteint, s'il n'est vengé, l'ardeur de vous servir.	
	Enfin mon père est mort, j'en demande	
	vengeance,	

Plus pour votre intérêt que pour mon allégeance.

45 Vous perdez en la mort d'un homme de son rang:° rank
Vengez-la par une autre, et le sang par le sang.
Immolez,° non à moi, mais à votre couronne, Sacrifice
Mais à votre grandeur, mais à votre personne;
Immolez, dis-je, Sire, au bien de tout l'État

50 Tout ce qu'enorgueillit° un si haut attentat.° makes proud / attack

Don Fernand   Don Diègue, répondez.

Don Diègue   Qu'on est digne d'envie
Lorsqu'en perdant la force on perd aussi la vie,
Et qu'un long âge apprête° aux hommes généreux, prepares
Au bout de leur carrière, un destin malheureux!

55 Moi, dont les longs travaux ont acquis tant de
     gloire,
Moi, que jadis partout a suivi la victoire,
Je me vois aujourd'hui, pour avoir trop vécu,
Recevoir un affront et demeurer vaincu.
Ce que n'a pu jamais combat, siège, embuscade,° ambush

60 Ce que n'a jamais Aragon ni Grenade,
Ni tous vos ennemis, ni tous mes envieux,
Le Comte en votre cour l'a fait presque à vos
     yeux,
Jaloux de votre choix, et fier de l'avantage
Que lui donnait sur moi l'impuissance de l'âge.

65 Sire, ainsi ces cheveux blanchis sous le harnois,° armor
Ce sang pour vous servir prodigué tant de fois,
Ce bras, jadis l'effroi d'une armée ennemie,
Descendaient au tombeau tout chargés d'infamie,
Si je n'eusse produit un fils digne° de moi, worthy

70 Digne de son pays et digne de son roi.
Il m'a prêté sa main, il a tué le Comte;
Il m'a rendu l'honneur, il a lavé ma honte.
Si montrer du courage et du ressentiment,
Si venger un soufflet° mérite un châtiment,° slap / punishment

75 Sur moi seul doit tomber l'éclat de la tempête:
Quand le bras a failli,° l'on en punit la tête. failed

Qu'on nomme crime, ou non, ce qui fait nos
  débats,
Sire, j'en suis la tête, il n'en est que le bras.
Si Chimène se plaint qu'il a tué son père,
80 Il ne l'eût jamais fait si je l'eusse pu faire.
Immolez donc ce chef que les ans vont ravir,
Et conservez pour vous le bras qui peut servir.
Aux dépens de mon sang satisfaites Chimène:
Je n'y résiste point, je consens à ma peine;
85 Et loin de murmurer d'un rigoureux décret,
Mourant sans déshonneur, je mourrai sans regret.

Don Fernand   L'affaire est d'importance, et, bien considérée,
Mérite en plein conseil d'être délibérée.
Don Sanche, remettez Chimène en sa maison.
90 Don Diègue aura ma cour et sa foi pour prison.°   free on parole
Qu'on me cherche son fils. Je vous ferai justice.

Chimène   Il est juste, grand Roi, qu'un meurtrier° périsse.   murderer

Don Fernand   Prends du repos, ma fille, et calme tes douleurs.

Chimène   M'ordonner du repos, c'est croître° mes malheurs.   to increase

AVEZ-VOUS COMPRIS?

Choisissez la réponse correcte.

1. Qui a tué le père de Chimène?
   a. Rodrigue
   b. Don Diègue
   c. Don Fernand

2. Pourquoi Chimène vient-elle voir Don Fernand?
   a. pour savoir où est Rodrigue
   b. pour lui demander d'être son père
   c. pour lui demander justice

3. D'après Don Diègue, pourquoi Rodrigue a-t-il tué le père de Chimène?
   a. parce qu'il ne l'aimait pas
   b. pour venger Chimène
   c. parce que Don Diègue ne pouvait pas le faire lui-même

4. Que pense Don Diègue de son fils, Rodrigue?
   a. Il pense qu'il a mal agi.
   b. Il pense qu'il a vengé son honneur.
   c. Il pense qu'il a fait une erreur.

5. Que demande Don Diègue au roi?
   a. d'être puni à la place de son fils
   b. de punir Rodrigue sévèrement
   c. de servir de père à Chimène

EXPÉRIENCE PERSONNELLE

Dans cette scène Don Diègue et Chimène essaient de convaincre le roi qu'ils ont raison. Avez-vous essayé de convaincre un professeur, un parent, ou votre entraîneur (*coach*) de prendre une décision différente de celle qu'il a déjà prise et de «faire justice?» En vous servant d'un diagramme, montrez les points de l'argument que vous avez présenté pour convaincre le «juge» 1) que vous avez raison, 2) de votre mérite et 3) d'agir comme vous le voudriez.

J'ai voulu la voiture pour aller au bal.
1. Je suis responsable.
2. J'ai fait mes devoirs.
3.

ENRICHISSEZ VOTRE VOCABULAIRE

l'empereur (m.) *emperor*
l'impératrice (f.) *empress*
le noble *noble*
le prince *prince*
la princesse *princess*
le roi *king*
la reine *queen*

la royauté *kingship*
le sujet *subject*
la cour *court*
la couronne *crown*
le couronnement *coronation*

le palais royal *royal palace*
le règne *reign*
le royaume *kingdom*
le sceptre *sceptre*
le trône *throne*

Activité 1 — DÉFINITIONS ROYALES

Trouvez la définition de la **Colonne A** qui correspond au mot de la **Colonne B**.

A	B
1. château où habite un roi	a. la reine
2. siège (*seat*) où le roi s'assied	b. le règne
3. période pendant laquelle un roi gouverne	c. le couronnement
4. les personnes qui entourent le roi	d. la princesse
5. la femme du roi	e. le trône
6. cérémonie qui consacre un roi	f. le sujet
7. fille du roi	g. le palais
8. personne qui est sous l'autorité du roi	h. la cour

Activité 2 — VRAI OU FAUX?

Dites si chaque phrase est vraie ou fausse d'après la biographie de Corneille. Si la phrase est fausse, corrigez-la.

1. Corneille est le maître de la comédie.
2. Corneille est membre de l'Académie française.
3. Corneille aide à définir la tragédie classique.
4. Le cardinal de Richelieu aime les pièces de Corneille.
5. Le succès décourage Corneille.
6. Pendant cinq ans, Corneille n'écrit pas de pièces.

Activité 3 — EN PAIRES

Avec votre partenaire, imaginez que vous décidez d'aller voir le président des États-Unis pour lui demander de s'occuper d'un problème que vous considérez important. D'abord, choisissez quel problème vous allez lui présenter. Ce peut être un problème réel (comme la pollution ou le coût des études) ou un problème imaginaire (vous désirez devenir maire, mais vous n'avez pas l'âge légal, par exemple). Ensuite, écrivez un petit dialogue où vous présentez tous les aspects du problème et où vous imaginez les solutions possibles présentées par le président. Enfin, jouez votre dialogue devant la classe.

Activité 4 — EXPRESSION PERSONNELLE

Comparez la monarchie à la démocratie. Aidez-vous d'une encyclopédie ou d'un dictionnaire, puis écrivez quels éléments sont similaires, différents ou communs entre ces deux systèmes de gouvernement. Pouvez-vous donner un exemple de monarchie moderne et un exemple de démocratie actuelle? Quel système préférez-vous et pourquoi?

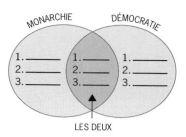

MONARCHIE   DÉMOCRATIE

1. ____   1. ____   1. ____
2. ____   2. ____   2. ____
3. ____   3. ____   3. ____

LES DEUX

AVANT D'ÉCRIRE

Quand on écrit, il est en général préférable d'éviter les répétitions. Mais la répétition est une technique qui peut être utilisée pour accentuer son point de vue. On peut répéter le même mot plusieurs fois dans des phrases différentes pour avoir plus d'impact. Par exemple, dans le texte, Chimène répète plusieurs fois le mot «sang»:

> Ce **sang** qui tant de fois garantit vos murailles,
> Ce **sang** qui tant de fois vous gagna des batailles,
> Ce **sang** qui tout sorti fume encor de courroux

Réécrivez cette phrase en éliminant la répétition du mot «sang.» Quelle est la différence? Quelle version préférez-vous et pourquoi?

Activité 5 — EXPRESSION ÉCRITE

Choisissez un événement récent de votre vie puis décrivez-le en deux paragraphes. Dans le premier paragraphe, écrivez cet événement comme une comédie (le résultat d'un match de foot, un examen difficile ou un voyage scolaire, par exemple). Dans le second paragraphe, écrivez-le comme une tragédie. Lisez le paragraphe que vous préférez à la classe.

Note CULTURELLE

Le Cid est un personnage qui a vraiment existé. Le Cid est le nom donné à Rodrigo Díaz de Vivar, un héros espagnol né en 1043 et mort en 1099. Capitaine dans l'armée du roi Sanche II, puis du roi Alphonse IV dont il épousa la fille, Rodrigo Díaz de Vivar gagna la réputation de héros pendant la guerre contre un roi maure (*Moorish*). Il devint roi de Valence après avoir conquis cette ville. Le Cid est aujourd'hui enterré dans la cathédrale de Burgos.

Théâtre

SÉLECTION 2

STRATÉGIE DE LECTURE

- Lisez le titre de la pièce de Molière. Pouvez-vous deviner le sujet?

À VOUS

Donnez votre opinion personnelle.

1 Être malade est le contraire...

a. d'être en mauvaise santé
b. d'être en pleine forme
c. de ne pas se sentir bien

2 L'expression «avoir un voile devant les yeux» veut dire qu'on...

a. ne voit pas bien
b. a la tête couverte d'un voile
c. porte des lunettes

3 L'expression «des douleurs de tête» est synonyme de...

a. migraine
b. mal aux yeux
c. nausée

	17e SIÈCLE
1636	—Corneille *Le Cid*
1668	—La Fontaine *La Cigale et la Fourmi*
1673	—Molière *Le Malade imaginaire*

BIOGRAPHIE

Molière est né Jean-Baptiste Poquelin à Paris en 1622. Il est l'auteur dramatique français le plus célèbre. Il dirige une troupe qui voyage dans toute la France avant de s'installer à Paris où il obtient l'attention du roi Louis XIV. Molière crée de nombreuses comédies pour distraire les nobles de la cour et le public parisien. Il devient vite célèbre. Molière écrit *Le Malade imaginaire* en 1673. Parmi ses autres oeuvres, on trouve *Tartuffe* et *Le Misanthrope*. Molière est également acteur et joue dans presque toutes ses pièces. Il meurt en 1673 quelques heures après avoir joué le rôle d'Argan dans *Le Malade imaginaire*.

INTRODUCTION

Les pièces de Molière se moquent souvent des personnalités de l'époque et de leurs modes. Dans *Le Malade imaginaire*, il parodie les médecins de son époque, leur ignorance et leur arrogance. Dans la pièce, Argan, qui est en bonne santé, se croit très malade. Il désire marier sa fille Angélique à Thomas Diafoirus, un jeune médecin arrogant et incapable, principalement parce qu'il voudrait toujours avoir un médecin près de lui. Heureusement, Toinette, la servante intelligente, va aider Angélique. Cet extrait est une scène comique où Toinette se déguise en médecin pour ausculter Argan.

VOCABULAIRE

la rate La rate est un organe situé à gauche de l'estomac. **La rate** filtre le sang pour détruire les germes qui attaquent les cellules sanguines.

le poumon Le poumon est un organe situé dans la cage thoracique. Il y a deux **poumons** qui assurent la respiration. Quand on respire, l'oxygène entre dans les **poumons**.

la douleur Quand on a mal quelque part, on ressent de **la douleur**. L'aspirine est souvent utilisée pour calmer les **douleurs** musculaires.

la lassitude Après avoir beaucoup travaillé, on ressent **une** grande **lassitude**. Le mot fatigue est un synonyme de **lassitude**.

Le Malade imaginaire

Molière

Acte III, Scène X:
Toinette, Argan

Toinette   Je suis médecin passager, qui vais de ville en ville, de province en
province, de royaume en royaume, pour chercher d'illustres matières
à ma capacité, pour trouver des malades dignes de m'occuper,
capables d'exercer les grands et beaux secrets que j'ai trouvés dans
5 la médecine. Je dédaigne de m'amuser à ce menu fatras° de maladies
ordinaires, à ces bagatelles° de rhumatismes et défluxions,° à ces
fiévrotes,° à ces vapeurs° et à ces migraines. Je veux des maladies
d'importance, de bonnes fièvres continues avec des transports au
cerveau, de bonnes fièvres pourprées,° de bonnes pestes,° de bonnes
10 hydropisies° formées, de bonnes pleurésies, avec des inflammations
de poitrine; c'est là que je me plais, c'est là que je triomphe. Et je
voudrais, Monsieur, que vous eussiez toutes les maladies que je viens
de dire, que vous fussiez abandonné de tous les médecins, désespéré,
à l'agonie, pour vous montrer l'excellence de mes remèdes, et l'envie
15 que j'aurais de vous rendre service.

Argan   Je vous suis obligé, Monsieur, des bontés° que vous avez pour moi.

Toinette   Donnez-moi votre pouls.° Allons donc, que l'on batte comme il faut.
Ah! je vous ferai bien aller comme vous devez. Ouais! ce pouls-là fait
l'impertinent; je vois bien que vous ne me connaissez pas encore. Qui
20 est votre médecin?

Argan   Monsieur Purgon.

Toinette   Cet homme-là n'est point écrit sur mes tablettes entre les grands
médecins. De quoi dit-il que vous êtes malade?

(glosses:)
to meddle in this trivial jumble
trifles / swellings
fevers / dizziness
scarlet fevers / plagues
dropsy

kindness

pulse

Argan	Il dit que c'est du foie,° et d'autres disent que c'est de la rate.	liver
25 *Toinette*	Ce sont des ignorants. C'est du poumon que vous êtes malade.	
Argan	Du poumon?	
Toinette	Oui. Que sentez-vous?	
Argan	Je sens de temps en temps des douleurs de tête.	
Toinette	Justement, le poumon.	
30 *Argan*	Il me semble parfois° que j'ai un voile devant les yeux.°	sometimes / blurry vision
Toinette	Le poumon.	
Argan	J'ai quelquefois des maux de coeur.	
Toinette	Le poumon.	
Argan	Je sens parfois des lassitudes par tous les membres.	
35 *Toinette*	Le poumon.	
Argan	Et quelquefois il me prend des douleurs dans le ventre, comme si c'était des coliques.°	diarrhea
Toinette	Le poumon. Vous avez appétit à ce que vous mangez?	
Argan	Oui, Monsieur.	
40 *Toinette*	Le poumon. Il vous prend un petit sommeil après le repas, et vous êtes bien aise de dormir?	
Argan	Oui, Monsieur.	
Toinette	Le poumon, le poumon, vous dis-je. Que vous ordonne votre médecin pour votre nourriture?	
45 *Argan*	Il m'ordonne du potage.°	soup
Toinette	Ignorant!	
Argan	De la volaille.	
Toinette	Ignorant!	
Argan	Et, le soir, de petits pruneaux pour lâcher° le ventre.	relax
50 *Toinette*	*Ignorantus, ignoranta, ignorantum.* Il faut manger de bon gros boeuf, de bon gros porc, de bon fromage de Hollande, et du riz. Votre médecin est une bête. Je veux vous en envoyer un de ma main, et je viendrai vous voir de temps en temps, tandis que je serai en cette ville.	
55 *Argan*	Vous m'obligerez beaucoup.	
Toinette	Adieu. Je suis fâché de vous quitter si tôt, mais il faut que je me trouve à une grande consultation qui se doit faire pour un homme qui mourut hier.	

AVEZ-VOUS COMPRIS?

Choisissez la réponse correcte.

1. Qui dit qu'Argan est malade du foie?
   a. Toinette
   b. d'autres médecins
   c. M. Purgon

2. Où Argan a-t-il mal?
   a. à la tête
   b. au foie
   c. au poumon

3. Qu'est-ce qu'Argan a quelquefois devant les yeux?
   a. une douleur
   b. un voile
   c. de la lassitude

4. Que pense Toinette des autres médecins?
   a. Ce sont des ignorants.
   b. Elle les admire.
   c. Ils sont malades.

5. Quel est le diagnostic de Toinette?
   a. Argan souffre de la rate.
   b. Argan souffre du poumon.
   c. Argan est ignorant.

EXPÉRIENCE PERSONNELLE

Souvenez-vous de la dernière fois où vousavez été malade. Est-ce que c'était la grippe(*flu*)? Un rhume (*cold*)? De quoi souffriez-vous? D'un mal de tête? Qu'est-ce que vousavez fait pour vous soigner? En utilisant un diagramme comme celui-ci, organisez vos idées, puis écrivez un paragraphe d'au moins cinq phrases qui explique les circonstances de votre maladie.

ENRICHISSEZ VOTRE VOCABULAIRE

le corps humain *human body*
l'articulation (f.) *joint*
les muscles (m. pl.) *muscles*
le nerf *nerve*
le squelette *skeleton*
le système nerveux
   nervous system
le système vasculaire
   vascular system
le vaisseau sanguin *blood vessel*

les membres (m. pl.) *limbs*
le bras *arm*
les doigts (m. pl.) *fingers*
la jambe *leg*
la main *hand*
les orteils (m. pl.) *toes*
le poumon *lung*

les organes (m. pl.) *organs*
le cerveau *brain*
le coeur *heart*
l'estomac (m.) *stomach*
le foie *liver*
les intestins (m. pl.) *intestines*

1 «DOCTEUR» TOINETTE

Ces patients ont des symptômes particuliers. Dites où chaque personne a mal d'après la description.

1. —J'ai des problèmes de digestion.
   —Vous avez mal à _____.

2. —J'ai quelquefois du mal à respirer.
   —Vous avez mal au _____.

3. —J'ai peur d'avoir une crise cardiaque.
   —Vous avez des douleurs au _____.

4. —Mes genoux et mes coudes (elbows) sont souvent douloureux.
   —Vous avez mal aux _____.

5. —J'ai des problèmes à tenir des objets en main.
   —Vous avez mal aux _____.

6. —Quand je fais du sport, mes biceps et mes quadriceps me font mal.
   —Vous avez mal aux _____.

2 ARGAN

De quoi souffre Argan? Dites si **oui** ou **non** Argan souffre des choses suivantes.

1. Argan a peut-être des problèmes de foie.
2. Argan a mal à la tête.
3. Argan a des problèmes d'intestin.
4. Argan a des douleurs musculaires.
5. Argan ressent des maux de coeur.
6. Argan a les nerfs fragiles.
7. Argan a un mauvais système vasculaire.
8. Argan souffre des articulations.
9. Argan est parfois fatigué.
10. Argan a des problèmes d'yeux.

3 EN PAIRES

Avec un(e) partenaire, discutez des relations entre Toinette et Argan. D'après vous, que pensent-ils l'un de l'autre? Comment êtes-vous arrivé(e) à cette opinion? Discutez du ton des deux personnages dans la scène.

Activité 4 — EXPRESSION PERSONNELLE

Et vous, aimeriez-vous être médecin? Dans
un tableau comme celui-ci, écrivez les avantages
et les inconvénients de cette profession. Dites
aussi ce qui vous attire et le genre de médecine
que vous aimeriez pratiquer [chirurgie (*surgery*),
missions humanitaires, pédiatrie…].

MÉDECIN	
AVANTAGES	INCONVÉNIENTS
1. Aider les gens	1.
2.	2.
3.	3.

AVANT D'ÉCRIRE

Quand vous écrivez un dialogue entre plusieurs personnes, il est important
de savoir qui parle à qui. Pour cela, utilisez les verbes comme **demander,
dire, répondre** et **ajouter** *(to add)*. Ces expressions sont souvent utilisées
avec l'inversion verbe-sujet. Par exemple:

–Qui est là? demanda Toinette.
–C'est moi, répondit Argan.
–Qui?
–Moi! répondit-il à nouveau.

–Qui? demanda-elle encore une fois.
–Argan! Votre patient préféré est très malade!
ajouta-t-il.

Essayez de lire ce dialogue sans ces expressions. Quelle est la différence?

Activité 5 — EXPRESSION ÉCRITE

Imaginez le reste de la scène entre Toinette et Argan. Est-ce qu'Argan
croit le diagnostic de Toinette? Est-ce qu'il la reconnaît ou est-il dupe
(*gullible*)? Imaginez aussi l'ordonnance (*prescription*) donnée
par Toinette. N'oubliez pas que la pièce est une comédie!
Soyez drôle!

Note CULTURELLE

À l'époque de Molière, le roi Louis XIV habite le
château de Versailles. Louis XIV commande de
nombreuses pièces à Molière. Le roi lui-même apparaît
quelquefois sur scène en tant qu'acteur. Certaines
pièces sont des comédies-ballets. Ces ballets
établiront les règles de base du ballet d'aujourd'hui.
Louis XIV est surnommé le Roi-Soleil à la suite d'un
ballet où il danse déguisé en… soleil!

STRATÉGIE DE LECTURE

- Lisez le poème à haute voix. Cela peut vous aider à mieux comprendre.

À VOUS

Donnez votre opinion personnelle.

1 En poésie, une rose symbolise souvent...

    a. la mort
    b. la vie
    c. l'amour

2 En principe, une servante fait...

    a. des leçons
    b. des lectures
    c. du labeur

3 Vieille est un synonyme pour...

    a. jeune
    b. âgée
    c. morte

16e Siècle	
1578	—**Ronsard** *Sonnets pour Hélène*

Poésie

SÉLECTION 1

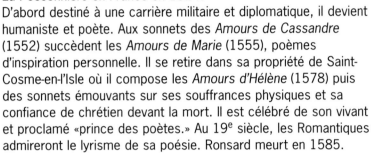

BIOGRAPHIE

Pierre de Ronsard est né à La Possonnière en France en 1524. D'abord destiné à une carrière militaire et diplomatique, il devient humaniste et poète. Aux sonnets des *Amours de Cassandre* (1552) succèdent les *Amours de Marie* (1555), poèmes d'inspiration personnelle. Il se retire dans sa propriété de Saint-Cosme-en-l'Isle où il compose les *Amours d'Hélène* (1578) puis des sonnets émouvants sur ses souffrances physiques et sa confiance de chrétien devant la mort. Il est célébré de son vivant et proclamé «prince des poètes.» Au 19e siècle, les Romantiques admireront le lyrisme de sa poésie. Ronsard meurt en 1585.

INTRODUCTION

Ronsard a écrit ses poèmes à Hélène vers la fin de sa vie. Il était amoureux de cette jeune fille, qui était une dame d'honneur *(lady-in-waiting)* de Catherine de Médicis, la mère du roi de France. Malheureusement, la jeune Hélène n'aimait pas le vieux poète. Dans les sonnets à Hélène, il évoque ses tourments.

VOCABULAIRE

bénir Quand on **bénit** quelqu'un, on appelle la protection du ciel sur cette personne. Un prêtre **bénit** un couple qui vient de se marier.

s'émerveiller Quelqu'un qui **s'émerveille** est à la fois étonné et ravi *(delighted)* de quelque chose. Un enfant **s'émerveille** quand il voit qu'il a reçu beaucoup de cadeaux pour son anniversaire.

une louange Un professeur peut faire des **louanges** à un(e) élève qui travaille beaucoup. L'élève mérite des **louanges** pour son effort extraordinaire.

un repos Après une journée très longue et difficile, il est agréable de prendre du **repos**. Quand on se repose, on peut s'asseoir sur une chaise confortable et apprécier le calme et le silence.

Hélène (V)

Pierre de Ronsard

V

Quand vous serez bien vieille, au soir, à la chandelle,
Assise auprès du feu, dévidant et filant,°   *winding off thread and spinning*
Direz, chantant mes vers, en vous émerveillant:
«Ronsard me célébrait du temps que j'étais belle!»

5   Lors vous n'aurez servante oyant° telle nouvelle,   *hearing*
Déjà sous le labeur à demi sommeillant,
Qui au bruit de Ronsard° ne s'aille réveillant,   *at the sound of Ronsard's name*
Bénissant votre nom de louange immortelle.

Je serai sous la terre, et fantôme sans os
10   Par les ombres myrteux° je prendrai mon repos: *myrtle shadows*
Vous serez au foyer une vieille accroupie,

Regrettant mon amour et votre fier dédain.
Vivez, si m'en croyez, n'attendez à demain:
Cueillez dès aujourd'hui les roses de la vie.

AVEZ-VOUS COMPRIS?

Choisissez la réponse correcte.

1. Hélène doit être…de Ronsard.
   a. la mère
   b. l'amour
   c. la grand-mère

2. La chaise d'Hélène se trouve…
   a. près du feu
   b. près d'un arbre
   c. sous terre

3. Ronsard éprouve (feels)…
   pour cette femme.
   a. du dédain
   b. de l'indifférence
   c. de l'amour

4. …prend son repos par les ombres myrteux.
   a. Hélène
   b. Ronsard
   c. La servante d'Hélène

5. Ronsard bénit le nom…
   a. d'Hélène
   b. de Catherine de Médicis
   c. de la servante d'Hélène

6. Un jour, Hélène sera une vieille…
   a. immortelle
   b. femme
   c. rose

EXPÉRIENCE PERSONNELLE

Dans ce poème, on rencontre une femme qui est jeune et belle, mais qui deviendra vieille. Pensez à quelqu'un que vous connaissez depuis votre jeunesse. Comment cette personne a-t-elle changé au cours des années? Utilisez un diagramme comme celui-ci pour organiser vos idées.

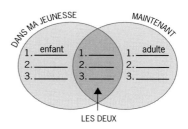

ENRICHISSEZ VOTRE VOCABULAIRE

une consonne consonant
une image image
la littérature literature
une oeuvre work (of art)
un poème poem
la poésie poetry
un poète poet

la rime rhyme
le rythme rhythm
une strophe stanza
une syllabe syllable
un vers line (of poetry)
les vers verse (poetry)
une voyelle vowel

Activité 1 — LA GRAMMAIRE

Le participe présent indique la simultanéité de deux actions. Cela peut être aussi exprimé par une proposition relative, mais l'emploi du **participe présent** rend ces actions beaucoup plus immédiates au lecteur. Dans les exemples suivants, remarquez l'effet que cet usage a sur le style, comme il le rend plus léger, plus fluide. Remplacez les mots en italiques par **le participe présent**.

Modèle: *Vous qui regrettez* mon amour…
Regrettant mon amour…

1. *Elle qui s'émerveille*…
2. *Vous qui filez*…
3. *Elle qui bénit*…
4. *Vous qui chantez* mes vers…
5. Assise auprès du feu, *vous qui dévidez*…

Activité 2 — EN PAIRES

Avec votre partenaire, choisissez deux images importantes du poème. Pourquoi est-ce qu'elles sont importantes? Expliquez vos réponses.

AVANT D'ÉCRIRE

Avant de commencer à écrire, il est utile de faire une liste de mots qui ont un rapport avec votre sujet. Consultez votre dictionnaire le plus possible avant d'écrire le paragraphe/la rédaction. Comme ça, il est plus facile de concentrer votre attention sur votre écriture. Voici une liste de mots qui ont un rapport avec le thème du poème de Ronsard.

l'adolescence (f.)	adolescence
l'âge (m.)	age
l'enfance (f.)	childhood
un être humain	human being
la jeunesse	youth
la mort	death
la naissance	birth
la vie	life
la vieillesse	old age

Activité 3 — EXPRESSION ÉCRITE

Commentez ces deux derniers vers d'*Hélène (V)*. Qu'est-ce que cela veut dire pour vous?

> Vivez, si m'en croyez, n'attendez à demain:
> Cueillez dès aujourd'hui les roses de la vie.

Utilisez quelques mots de la liste d'**AVANT D'ÉCRIRE**. Avant de commencer, essayez d'ajouter d'autres mots à cette liste.

STRATÉGIE DE LECTURE

● L'utilisation d'animaux au lieu de personnages humains permet parfois de donner plus de force à la morale d'un conte ou d'une fable.

À VOUS

Donnez votre opinion personnelle.

1 Une fable a généralement…

    a. quatre sections
    b. une morale
    c. une fin heureuse

2 Une cigale et une fourmi sont…

    a. des plantes
    b. des insectes
    c. des animaux imaginaires

3 En général, on gagne plus d'argent en…

    a. dansant
    b. voyageant
    c. travaillant

Poésie

SÉLECTION 2

BIOGRAPHIE

Jean de La Fontaine est né à Château-Thierry en 1621. Il étudie au collège de Château-Thierry jusqu'en troisième. En 1652, La Fontaine va à Paris. Il écrit des oeuvres de divers genres, mais c'est pour ses *Fables* qu'il est surtout connu. En 1684, il est enfin élu à l'Académie française, quand Louis XIV, qui ne l'apprécie que modérément, met fin à son opposition. La Fontaine meurt en 1695.

INTRODUCTION

En 1668, La Fontaine présente le premier volume des *Fables* au Dauphin (le fils aîné du roi) qui a alors sept ans. Chaque fable a une morale: un conseil déguisé. Beaucoup de ces fables qui mettent en scène des animaux sont basées sur des fables très anciennes attribuées au Grec Ésope (*Aesop*) (7ᵉ-6ᵉ siècles av. J-C). La Fontaine les a récrites en y mettant un charme et une vivacité qui n'appartiennent qu'à lui. Tous les enfants français apprennent ses fables à l'école. Celle que vous allez lire est l'une des plus connues.

VOCABULAIRE

la bise La bise est un vent glacial qui souffle du nord ou du nord-est. **Une bise** peut faire tomber les feuilles d'un arbre. Dans un autre contexte, **la bise** est un baiser amical: en France, souvent, des gens qui se connaissent bien se font **la bise** quand ils se rencontrent.

la foi La foi est un engagement qu'on prend d'être fidèle à une promesse. On fait une promesse en toute bonne **foi**.

déplaire S'il **déplaît** à quelqu'un de faire la cuisine, ça veut dire que cette personne n'aime pas faire la cuisine. Si un homme **déplaît** à tout le monde, ça veut dire que personne n'aime cet homme.

dépourvu(e) Un appartement qui n'a pas de chauffage est **dépourvu** de chauffage. Un livre qui n'a aucun intérêt est **dépourvu** d'intérêt.

La Cigale et la Fourmi

Jean de La Fontaine

La Cigale, ayant chanté
    Tout l'été,
Se trouva fort dépourvue
Quand la bise fut venue:
5   Pas un seul petit morceau
De mouche° ou de vermisseau.°   fly / small worm
Elle alla crier famine
Chez la Fourmi sa voisine,
La priant de lui prêter
10 Quelque grain pour subsister
Jusqu'à la saison nouvelle.
«Je vous paierai, lui dit-elle,
Avant l'oût,° foi d'animal,   août (August)
Intérêt et principal.»
15 La Fourmi n'est pas prêteuse;°   lender
C'est là son moindre défaut.
«Que faisiez-vous au temps chaud?»
Dit-elle à cette emprunteuse.°   borrower
«Nuit et jour à tout venant
20 Je chantais, ne vous déplaise.
    —Vous chantiez? j'en suis fort aise:
Eh bien! dansez maintenant.»

AVEZ-VOUS COMPRIS?

Choisissez la réponse correcte.

1. La Cigale a passé tout l'été à…
   a. travailler
   b. chanter
   c. voler

2. Quand l'automne arrive, la Cigale…
   a. n'a pas de maison
   b. n'a personne à qui parler
   c. n'a rien à manger

3. La Cigale a besoin de nourriture…
   a. pour voler au sud
   b. pour subsister
   c. pour chanter pendant l'hiver

4. La Fourmi veut que la Cigale…
   a. danse
   b. chante encore
   c. quitte la forêt

EXPÉRIENCE PERSONNELLE

Dans la fable, la Cigale essaie de persuader la Fourmi de lui donner quelque chose à manger. Pensez à une situation où vous avez essayé de convaincre quelqu'un. Utilisez un organigramme pour écrire les arguments que vous avez utilisés pour persuader cette personne.

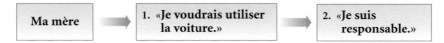

Ma mère → 1. «Je voudrais utiliser la voiture.» → 2. «Je suis responsable.»

ENRICHISSEZ VOTRE VOCABULAIRE

la douleur *pain; sadness*　　**un souci** *worry*　　**inspirer** *to inspire*
l'espoir (m.) *hope*　　**évoquer** *to evoke*　　**réciter** *to recite*
l'ennui (m.) *boredom*　　**exprimer** *to express*　　**suggérer** *to suggest*
le sentiment *feeling*　　**s'inquiéter** *to worry*　　**vouloir dire** *to mean*

① EN PAIRES

Dans ce poème de La Fontaine, la Cigale et la Fourmi sont deux insectes qui symbolisent des êtres humains. Avec un(e) partenaire, faites une comparaison entre les deux. Servez-vous d'un diagramme pour faire votre comparaison.

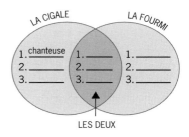

2 LE PASSÉ SIMPLE

Le passé simple est l'équivalent littéraire du passé composé. Il n'est pas employé dans la conversation. Pour former **le passé simple** régulier, on ajoute les terminaisons suivantes au radical de l'infinitif:

verbes en **-er**:	-ai, -as, -a, -âmes, -âtes, -èrent
verbes en **-ir** et **-re**:	-is, -is, -it, -îmes, -îtes, -irent

1. Trouvez deux verbes employés au passé simple dans la fable et donnez leur passé composé.

2. Mettez les verbes soulignés au passé simple.

> La Fourmi <u>est allée</u> pleurer chez la Cigale. Mais la Cigale ne l'<u>a</u> pas <u>écoutée</u> et elle <u>a fermé</u> sa porte. La Fourmi <u>est repartie</u> tristement. Tout au long de l'hiver, elle <u>a</u> beaucoup <u>maigri</u>. Pendant ce temps, la Cigale <u>a</u> trop <u>mangé</u>. Elle <u>est tombée</u> malade. Cela <u>a rendu</u> la Fourmi très heureuse.

AVANT D'ÉCRIRE

Pensez aux mots dont vous aurez besoin et cherchez ceux que vous ne connaissez pas dans le dictionnaire. Vous pouvez aussi faire un plan pour vous aider à présenter vos idées ou vos arguments dans un ordre logique. Voici quelques mots qui pourront vous être utiles.

un abri *shelter*
la chance *(good) luck*
la charité *charity*
la cruauté *cruelty*
l'égoïsme *(m.) egoism; selfishness*
la générosité *generosity*
l'imprévoyance *(f.) lack of foresight*

la malchance *bad luck*
la pauvreté *poverty*
le prochain *neighbor; fellow man*
les sans-logis *homeless people*
s'amuser *to have fun*
économiser *to save (money)*

QUELQUES ANIMAUX
l'agneau *(m.) lamb*
la chèvre *goat*
la colombe *dove*
le loup *wolf*
le porc *pig*
le renard *fox*
le serpent *snake*
le vautour *vulture*

3 EXPRESSION ÉCRITE

Écrivez votre propre fable! Choisissez deux personnalités opposées, représentées par des animaux, et imaginez une confrontation. Vous pouvez écrire votre fable en prose ou en vers. N'oubliez pas la morale à la fin!

STRATÉGIE DE LECTURE

● Les deux premiers mots du poème sont «La Nature.» La nature est-elle décrite dans le texte?

À VOUS

Donnez votre opinion personnelle.

1 Un hautbois est…

   a. un grand arbre
   b. un instrument de musique
   c. un oiseau

2 Normalement on voit des piliers dans…

   a. les cuisines
   b. les forêts
   c. les cathédrales

3 L'encens et le musc sont…

   a. des parfums
   b. des animaux
   c. des fruits

Poésie

SÉLECTION 3

BIOGRAPHIE

Charles Baudelaire est né à Paris en 1821. Il commence à écrire très jeune. En 1841, il fait un voyage à l'île Maurice et à la Réunion, deux îles de l'océan Indien à l'est du continent africain. Il y acquiert son goût pour l'exotisme et les régions chaudes. En 1857, il publie un recueil de poèmes, *Les Fleurs du Mal*. Ce livre cause un scandale. Il y a un procès et Baudelaire doit retirer certains poèmes du livre.

Baudelaire est aussi critique littéraire et critique d'art, et il a écrit sur le musicien Wagner. C'est aussi lui qui a fait connaître l'écrivain américain Edgar Allan Poe aux Français, en traduisant certaines de ses oeuvres. Baudelaire meurt en 1867 à Paris.

INTRODUCTION

Précurseur du symbolisme, Baudelaire représente la transition entre le formalisme classique (ce sonnet est en alexandrins, le vers par excellence des auteurs classiques) et le romantisme (où le sujet du poème est l'homme et son drame personnel, ses émotions, plutôt que des sujets tirés de l'Antiquité ou de la Nature). L'une des théories de Baudelaire est que l'instinct du Beau (distinct du Bien) indique une analogie, une *correspondance* avec un univers spirituel.

VOCABULAIRE

confus Une explication qui n'est pas claire est **confuse**. Des mots que l'on ne prononce pas clairement sont **confus**.

doux, douce Un bébé a généralement la peau **douce**. Quand on caresse un chat, c'est **doux**. Quelqu'un de très gentil, qui ne se met jamais en colère, a un caractère **doux**.

ténébreux Un endroit très sombre, où l'on ne peut rien voir à cause du manque de lumière, est un endroit **ténébreux**. Dans le passé, les poètes utilisaient souvent le mot **ténébreux** pour parler de la nuit.

vivant Vous êtes **vivant(e)**. Tous les gens que vous voyez autour de vous sont **vivants**. Les objets ne sont pas **vivants**, ils sont inanimés.

Correspondances

Charles Baudelaire

La Nature est un temple où de vivants piliers°   pillars
Laissent parfois sortir de confuses paroles:
L'homme y passe à travers des forêts de symboles
Qui l'observent avec des regards familiers.

5 Comme de longs échos qui de loin se confondent
Dans une ténébreuse et profonde unité,
Vaste comme la nuit et comme la clarté,
Les parfums, les couleurs et les sons se répondent.

Il est des parfums frais comme des chairs° d'enfants,   flesh
10 Doux comme les hautbois, verts comme les prairies,
—Et d'autres, corrompus,° riches et triomphants,   corrupt

Ayant l'expansion des choses infinies,
Comme l'ambre, le musc, le benjoin° et l'encens,   benzoin (a kind
Qui chantent les transports de l'esprit et des sens.   of incense)

AVEZ-VOUS COMPRIS?

Choisissez la réponse correcte.

1. Le poète parle...
   - a. d'une cathédrale
   - b. de la nature
   - c. de son amie

2. Pour lui, la nature est pleine de...
   - a. dangers
   - b. nourriture
   - c. symboles

3. Sa vision de la nature est...
   - a. réaliste et objective
   - b. utilitaire
   - c. mystique et symbolique

4. Le contenu de ce sonnet est...
   - a. abstrait
   - b. concret
   - c. logique

EXPÉRIENCE PERSONNELLE

Dans ce poème, Baudelaire dit que les parfums «chantent les transports de l'esprit et des sens.» Y a-t-il des parfums qui vous font penser à vos expériences du passé? Utilisez un diagramme pour organiser vos pensées.

PARFUM	SOUVENIR
l'herbe coupée	

ENRICHISSEZ VOTRE VOCABULAIRE

les cinq sens
  the five senses
le goût *taste*
l'odorat (m.) *smell*

l'ouïe (f.) *hearing*
le toucher *touch*
la vue *sight*

l'aspect (m.)
  appearance
une odeur *a smell*
un son *a sound*

amer *bitter*
clair *clear*
doux *soft*
fort *loud; hard*

L'alexandrin est un vers de douze syllabes. Chaque moitié de six syllabes s'appelle **un hémistiche**. **La césure** (la séparation entre les deux hémistiches) se produit généralement à un moment «naturel,» c'est-à-dire après un groupe de mots qui vont ensemble. Regardez le premier vers de *Correspondances*:

La | Na | tu | re est | un | tem | ple où | de | vi | vants | pi | liers
 1   2   3   4   5   6   7   8   9   10   11   12

Note: En poésie, à l'intérieur d'un vers, le **e** final d'un mot, qui ne serait normalement pas prononcé, est prononcé si le mot suivant commence par une consonne:

Va | ste| co | mm**e** | la | nuit
 1   2   3   4   5   6

 ## LES SYNONYMES

Donnez un synonyme pour les mots suivants.

1. un temple   2. observer   3. ténébreux   4. vaste

2 LES ALEXANDRINS

Essayez de composer deux (ou quatre) alexandrins sur un sujet de votre choix. Écrivez-les en français, bien sûr!

3 EN PAIRES

Avec un(e) partenaire, regardez attentivement les rimes de ce poème. En utilisant un diagramme pour chaque mot, essayez de trouver des rimes différentes pour chacun.

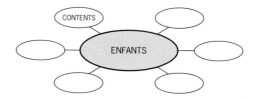

 ## AVANT D'ÉCRIRE

Prenez quelques minutes pour réfléchir à vos sentiments envers la nature. En général, trouvez-vous qu'elle s'accorde à *(is in harmony with)* vos sentiments ou vous semble-t-elle plutôt indifférente? Écrivez quelques-unes de vos idées.

4 EXPRESSION ÉCRITE

Chaque poète a une vision personnelle de la nature. Regardez par exemple ces deux citations. La première est d'**Alphonse de Lamartine** (1790-1869):

> *Mais la nature est là qui t'invite et qui t'aime . . .*
> *Quand tout change pour toi, la nature est la même,*
> *Et le même soleil se lève sur tes jours.*

La deuxième a été écrite par **Alfred de Vigny** (1797-1863):

> *Ne me laisse jamais seul avec la Nature,*
> *Car je la connais trop pour n'en avoir pas peur.*

Dans ce poème, de Vigny parle aussi de «froide Nature.» Comparez les opinions de ces deux poètes. Que veulent-ils dire? Êtes-vous d'accord avec l'un ou l'autre? Pourquoi? Ou bien avez-vous une opinion différente?

À VOUS

Donnez votre opinion personnelle.

1 Verlaine a eu une vie personnelle...

   a. assez heureuse
   b. plutôt bourgeoise
   c. généralement malheureuse

2 Monotone veut dire...

   a. intéressant
   b. dépourvu d'intérêt
   c. singulier

3 Ce poème va être...

   a. joyeux
   b. satirique
   c. mélancolique

19ᵉ SIÈCLE	
1857	—**Baudelaire** *Correspondances*
1866	—**Verlaine** *Chanson d'automne*
1870	—**Rimbaud** *Le Dormeur du val*
1873	—**Daudet** *La Dernière Classe*
1884	—**Maupassant** *La Parure*

CHAPITRE 10

Poésie

SÉLECTION 4

BIOGRAPHIE

Paul Verlaine est né à Metz en 1844. Il fut un homme de contrastes. En se mariant, il espérait avoir une vie «simple et tranquille» (*La Bonne Chanson*, 1870). Mais sa rencontre avec Arthur Rimbaud, et leur amitié, intense et tourmentée, mirent fin à cet idéal. Sa femme le quitta, et il passa deux ans en prison en Belgique pour avoir tiré sur (*shot at*) Rimbaud. En prison, il eut une conversion religieuse qui le mena à écrire des poèmes mystiques. Il publia divers recueils de poèmes, dont *Romances sans Paroles* (1874) et *Jadis et Naguère* (1884). Il finit sa vie dans la misère et la pauvreté, cependant reconnu et admiré par la jeune génération des symbolistes. Verlaine est mort en 1896 à Paris.

INTRODUCTION

«De la musique avant toute chose»: c'est le premier vers de *l'Art poétique* de Verlaine. Dans sa poésie il a accordé une grande importance à la sonorité des mots, les arrangeant autant par le son que par le sens. Un autre aspect de sa poésie est l'utilisation des nuances: mélancolique plutôt que tragique, du gris plutôt que des couleurs vives.

VOCABULAIRE

blême Quelqu'un qui est très pâle est **blême**.

blesser On peut se **blesser** en tombant ou être **blessé** à la guerre. Si on dit des choses méchantes à quelqu'un, on le **blesse**.

feuille morte En automne, la plupart des arbres perdent leurs feuilles: ce sont les **feuilles mortes**.

sanglot Quand quelqu'un pleure tout haut (*loud*), on entend ses **sanglots**.

Chanson d'automne

Paul Verlaine

Les sanglots longs
Des violons
   De l'automne
Blessent mon coeur
5 D'une langueur°
   Monotone.

Tout suffocant
Et blême, quand
   Sonne l'heure,
10 Je me souviens
Des jours anciens
   Et je pleure;

Et je m'en vais
Au vent mauvais
15   Qui m'emporte°
Deçà, delà,°
Pareil à la
   Feuille morte.

apathy; weakness

carries me away
Here and there

Avez-vous compris?

Choisissez la réponse correcte.

1. Le poète est…
   a. triste
   b. heureux
   c. indifférent

2. Il pense…
   a. au temps présent
   b. à son avenir
   c. au temps passé

3. Pour Verlaine, les violons…
   a. rient
   b. pleurent
   c. crient

4. Le poète semble…
   a. avoir le contrôle de sa vie
   b. plein d'espoir
   c. plutôt perdu

Expérience personnelle

Êtes-vous sensible aux saisons, au temps qu'il fait? Réfléchissez-y en vous aidant d'un diagramme comme celui ci-dessous, puis écrivez un paragraphe d'au moins cinq phrases complètes. Regardez les mots d' **Enrichissez votre vocabulaire** avant de commencer.

SAISON ou TEMPS	MON HUMEUR
1. l'hiver	1.
2.	2.
3.	3.
4.	4.

Enrichissez votre vocabulaire

le calme *calm*

la canicule *heat wave*

un éclair *lightning flash*

ensoleillé *sunny*

la foudre *lightning*

l'harmonie (f.) *harmony*

l'humeur (f.) *mood*

l'inondation (f.) *flood; flooding*

l'intempérie (f.) *bad weather*

orageux (orageuse) *stormy*

la sécheresse *drought*

la tempête *storm*

la tempête de neige *blizzard; snowstorm*

le tonnerre *thunder*

le tremblement de terre *earthquake*

1 LE POIDS DES MOTS

Dans ce court poème, le pourcentage élevé de mots «négatifs»
contribue à renforcer l'impression de détresse, d'absence de contrôle
sur son destin. Parmi ces mots, relevez au moins:

- **2 noms**   - **2 verbes**   - **2 adjectifs**

2 EN PAIRES

Un violon ne forme pas un orchestre! Avec un(e) partenaire, et en
vous aidant du dictionnaire si nécessaire, faites une liste d'au moins
six autres instruments de musique. Puis imitez Verlaine qui trouve
que les violons sanglotent, et utilisez votre imagination pour trouver
un verbe qui convient (*suits*) à chaque instrument.

Modèle: Les violons sanglotent. (Verlaine)

AVANT D'ÉCRIRE

Quand vous voulez exprimer un contraste, il y a plusieurs mots et
expressions français que vous pouvez utiliser pour rendre votre écriture
plus intéressante. Voici quelques expressions qui indiquent un contraste:

mais	but
par contre	on the other hand
plutôt	instead; rather
alors que	whereas

Modèles: • Je préfère le printemps, **mais** ma soeur aime **plutôt** l'été.

• Il fait très froid en hiver. **Par contre**, il fait très chaud en été.

• Au Canada, on peut faire du ski en hiver, **alors qu'**en
Martinique on peut faire de la natation.

3 EXPRESSION ÉCRITE

Verlaine se serait-il senti si triste au printemps? Faites un parallèle
entre ce qu'il ressent et ce que l'on peut ressentir par contraste à
la saison du renouveau.

STRATÉGIE DE LECTURE

● Faites attention:
les images idylliques
vont-elles durer jusqu'à
la fin du poème?

À VOUS

Donnez votre opinion
personnelle.

1 Un val est...

a. une ville
b. une vallée
c. un hôtel

2 Rimbaud était
le contemporain de...

a. La Fontaine
b. Ronsard
c. Verlaine

3 Ce poème va être...

a. amusant
b. tragique
c. un poème d'amour

19ᵉ SIÈCLE	
1857	—**Baudelaire** *Correspondances*
1866	—**Verlaine** *Chanson d'automne*
1870	—**Rimbaud** *Le Dormeur du val*
1873	—**Daudet** *La Dernière Classe*
1884	—**Maupassant** *La Parure*

Poésie

SÉLECTION 5

BIOGRAPHIE

Arthur Rimbaud est né en 1854 à
Charleville-Mézières, dans les Ardennes.
Très jeune il se révolte contre tout: famille, morale, société,
religion. Il est très touché par la Commune, une révolte populaire
de la région parisienne. Soutenue par les milieux ouvriers, cette
révolte est brutalement réprimée par le pouvoir en mai 1871.
À dix-sept ans, ayant déjà écrit *Le Bateau ivre*, Rimbaud fugue
à Paris chez Verlaine. Leur amitié sera intense et orageuse et
les mènera à Londres et en Belgique. En 1873, il publie *Une
Saison en enfer*. Puis viennent *Illuminations*, poèmes en prose.
À vingt ans, Rimbaud arrête d'écrire et continue son existence
errante. Il mourra en 1891 à Marseille.

INTRODUCTION

Rimbaud a révolutionné l'art poétique français. Il a créé le vers
libre. Mais surtout, pour lui, la poésie doit être «l'aventure du
voyant,» et afin de «voir» le poète doit dérégler tous ses sens,
rechercher le nouveau et l'inconnu. En conséquence, les poèmes
de Rimbaud sont souvent si personnels, si détachés de la vie
«normale,» qu'ils sont très difficiles à comprendre. Celui qui suit
est l'un des plus accessibles. Pour comprendre son contexte, il
faut savoir qu'à l'époque où Rimbaud écrivait, la France venait
juste d'être vaincue par la Prusse (l'Allemagne).

VOCABULAIRE

étendu Quand on n'est ni debout, ni assis, on est **étendu**. On dit aussi
d'un endroit qui est vaste qu'il est **étendu**.

frissonner Quand il fait froid et qu'on ne porte pas assez de vêtements,
on **frissonne**. On peut aussi **frissonner** en regardant un film d'horreur!

haillons Des vêtements usés et déchirés sont des **haillons**. Les héroïnes
de contes de fées portent souvent des **haillons** avant d'épouser le prince.

verdure Dans certains quartiers des villes où il y a très peu d'arbres ou
de parcs, les habitants se plaignent (*complain*) de ne pas avoir assez de
verdure.

Le Dormeur du val

Arthur Rimbaud

C'est un trou de verdure où chante une rivière
Accrochant follement aux herbes des haillons
D'argent; où le soleil, de la montagne fière,
Luit:° c'est un petit val qui mousse° de rayons.

shines / sparkles

5 Un soldat jeune, bouche ouverte, tête nue,
Et la nuque baignant dans le frais cresson° bleu,
Dort; il est étendu dans l'herbe, sous la nue,°
Pâle dans son lit vert où la lumière pleut.

watercress
high clouds

Les pieds dans les glaïeuls,° il dort. Souriant comme
10 Sourirait un enfant malade, il fait un somme:°
Nature, berce-le° chaudement: il a froid.

gladioli
takes a nap
cradle him

Les parfums ne font pas frissonner sa narine;
Il dort dans le soleil, la main sur la poitrine
Tranquille. Il a deux trous rouges au côté droit.

AVEZ-VOUS COMPRIS?

Choisissez la réponse correcte.

1. Cette scène est située...
   a. en haut d'une montagne
   b. dans une vallée
   c. près de l'océan

2. Dans cette scène,...
   a. il pleut
   b. il fait beaucoup de vent
   c. il fait beau

3. Le «lit vert» représente...
   a. la couleur de la
      couverture (*blanket*)
   b. la rivière
   c. l'herbe

4. Les «haillons d'argent» sont...
   a. les médailles du soldat
   b. des gouttes d'eau
   c. les rayons du soleil

5. Le soldat est...
   a. malade
   b. fatigué
   c. mort

EXPÉRIENCE PERSONNELLE

Dans ce poème de Rimbaud, c'est seulement à la fin qu'on apprend
que le soldat est mort. Les apparences peuvent être trompeuses.
Est-ce que vous avez déjà été surpris(e) par une situation qui
semblait agréable? Décrivez les circonstances de cette situation
et indiquez les raisons pour lesquelles vous avez été surpris(e).

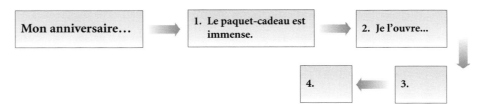

Mon anniversaire... → 1. Le paquet-cadeau est immense. → 2. Je l'ouvre... → 3. → 4.

ENRICHISSEZ VOTRE VOCABULAIRE

la berge (river) bank
la chute d'eau waterfall
le cours d'eau river
une crique creek

l'étang (m.) pond
le pic peak
un ravin ravine; gully
le torrent mountain stream

1 RÉALITÉ POÉTIQUE

Ce poème est très visuel. En plus d'images poétiques, Rimbaud emploie des mots très concrets pour créer un tableau. Étudiez le poème et relevez:

- **3 couleurs**
- **3 plantes**
- **3 mots évoquant la lumière**
- **3 parties du corps**

2 EN PAIRES

Avec un(e) partenaire, choisissez un endroit que vous connaissez tous/toutes les deux et décrivez-le avec le plus de détails concrets possibles. Aidez-vous d'un organigramme comme celui ci-dessous. Pensez à la nature, aux parfums, etc. de cet endroit.

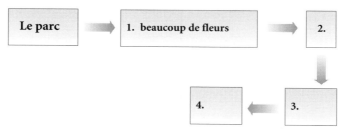

AVANT D'ÉCRIRE

Relisez le poème. Il y a plusieurs mots, phrases ou images qui suggèrent la mort sans la mentionner directement. Trouvez ces mots, phrases ou images et faites-en une liste.

3 EXPRESSION ÉCRITE

Vous attendiez-vous à ce que le poème se termine de cette façon? Comment Rimbaud crée-t-il ce choc? Étudiez les contrastes puis écrivez un ou deux paragraphes dans lesquels vous expliquez les méthodes du poète.

Poésie

SÉLECTION 6

STRATÉGIE DE LECTURE

● Remarquez la simplicité du vocabulaire et le thème, qui font penser à une chanson.

À VOUS

Donnez votre opinion personnelle.

1 La Seine est...

   a. un fleuve
   b. une montagne
   c. une ville

2 Les poèmes ou chansons d'amour sont le plus souvent...

   a. ironiques
   b. heureux
   c. mélancoliques

3 Des vers irréguliers produisent un effet de...

   a. légèreté
   b. lourdeur
   c. majesté

BIOGRAPHIE

Guillaume Apollinaire Albert de Kostrowitzky (Kostro pour les amis), est né à Rome en 1880. Il s'installe à Paris après son adolescence. Là, il devient l'ami des peintres et poètes de son temps (Picasso, Max Jacob), et se fait l'avocat des peintres cubistes, ridiculisés et insultés par le reste de la société. Toujours pauvre, il écrit dans des journaux financiers pour gagner sa vie et contribue à de nombreuses revues littéraires. Il est l'un des premiers à incorporer la vie quotidienne de son siècle (trains, journaux, etc.) dans la poésie. Son recueil de poèmes, *Alcools*, paraît en 1913 et *Calligrammes* en 1918. Bien qu'étranger, il prend part à la première guerre mondiale où il est blessé à la tête. Il survit à sa blessure, mais mourra de la grippe espagnole en 1918.

INTRODUCTION

Le style d'Apollinaire rappelle les poètes Villon, Verlaine et les chansons populaires. D'ailleurs, beaucoup de ses textes ont été mis en musique. Il parle avec lyrisme et un charme mélancolique d'émotions simples. Dans ce poème, il a innové en supprimant toute ponctuation.

VOCABULAIRE

couler Une personne marche ou court, mais une rivière **coule**. Dans la cuisine ou la salle de bains, l'eau **coule** du robinet.

demeurer Quand on habite dans un endroit, on y **demeure**. Quand on est satisfait de quelque chose et qu'on continue à être satisfait, on **demeure** satisfait.

las, lasse Après avoir fait beaucoup de choses, ou beaucoup travaillé, on peut se sentir **las** à la fin de la journée.

l'onde Les poètes ont souvent utilisé ce mot pour parler de rivières ou de mers: **les ondes** bleues de la Méditerranée par exemple.

se souvenir Quand on n'oublie pas, on **se souvient**. Souvent, les personnes très âgées **se souviennent** très bien de leur enfance, mais pas de ce qu'elles ont fait hier.

Le Pont Mirabeau

Guillaume Apollinaire

Sous le pont Mirabeau coule la Seine
Et nos amours
Faut-il qu'il m'en souvienne
La joie venait toujours après la peine°   sorrow

5   Vienne la nuit sonne l'heure
Les jours s'en vont je demeure

Les mains dans les mains restons face à face
Tandis que sous
Le pont de nos bras passe
10 Des éternels regards° l'onde si lasse   gazes

Vienne la nuit sonne l'heure
Les jours s'en vont je demeure

L'amour s'en va comme cette eau courante°   flowing
L'amour s'en va
15   Comme la vie est lente
Et comme l'espérance° est violente   hope

Vienne la nuit sonne l'heure
Les jours s'en vont je demeure

Passent les jours et passent les semaines
20   Ni temps passé
Ni les amours reviennent
Sous le pont Mirabeau coule la Seine

Vienne la nuit sonne l'heure
Les jours s'en vont je demeure

AVEZ-VOUS COMPRIS?

Choisissez la réponse correcte.

1. Ce poème est situé à...
   a. Lyon
   b. Rome
   c. Paris

2. L'un des thèmes de ce poème est...
   a. l'architecture de Paris
   b. le temps qui passe
   c. la permanence de l'amour

3. Les deux amants...
   a. se promènent sur le pont
   b. regardent la Seine
   c. se regardent les yeux dans les yeux

4. Le temps passe, mais...reste.
   a. l'amour
   b. le poète
   c. la joie

5. Ce poème exprime...
   a. l'indifférence
   b. la tristesse
   c. la joie

EXPÉRIENCE PERSONNELLE

Dans ce poème, Apollinaire associe un endroit à un sentiment, un souvenir, en établissant des correspondances entre eux. Pouvez-vous faire la même chose en vous rappelant une expérience heureuse?

Vacances d'été avec ma famille → 1. On va à la plage. → 2. On s'amuse bien.

ENRICHISSEZ VOTRE VOCABULAIRE

amoureux *in love*
le bonheur *happiness*
un chagrin d'amour *pains of love*

le désespoir *despair*
l'espoir (m.) *hope*
incompris *misunderstood*

la solitude *aloneness; loneliness*
la tristesse *sadness*

Versification

Regardez la construction de la 1ère strophe, pour apprécier à quel point elle est éloignée de l'alexandrin classique, un vers de 12 syllabes:

- le 1er et le 4e vers ont 10 pieds
- le 2e vers a 4 pieds
- le 3e vers a 6 pieds

Rappel: en poésie, on prononce le **e** final d'un mot si ce mot est à l'intérieur du vers avant un mot qui commence par une consonne. (**Modèle:** coul**e** la Seine)

① LES CONTRAIRES

Faites correspondre chaque mot de la **Colonne A** avec son contraire de la **Colonne B**.

A	B
1. se souvenir	a. rapide
2. demeurer	b. le désespoir
3. éternel	c. oublier
4. violent	d. éphémère
5. lent	e. calme
6. l'espérance	f. partir

② EN PAIRES

Avec votre partenaire, composez une strophe sur le modèle de la 1ère strophe. Vous pouvez prendre pour sujet votre souvenir d'**EXPÉRIENCE PERSONNELLE** ou un sujet de votre choix (pas nécessairement triste!).

AVANT D'ÉCRIRE

Quand vous écrivez une rédaction sur une oeuvre (roman, pièce de théâtre, film, etc.), c'est souvent difficile de vous concentrer sur le sujet. Avant de commencer votre écriture, décidez quels éléments vous allez examiner. Pour faire cela, écrivez sur le sujet que vous avez choisi pendant cinq ou dix minutes. En même temps, vous pouvez faire une liste des événements principaux de l'histoire que vous allez raconter, pour être sûr(e) de les raconter dans l'ordre!

③ EXPRESSION ÉCRITE

Les amours malheureux sont souvent le thème, ou la source, d'oeuvres littéraires ou de films. Racontez l'intrigue (*plot*) d'une de ces oeuvres (roman, pièce de théâtre, film, etc.). Donnez aussi votre avis sur les actions, réactions ou sentiments des personnages principaux.

LES RÉPONSES CORRECTES

Note: As a general rule, answers will not be given for the following activities: EXPÉRIENCE PERSONNELLE, À VOTRE TOUR, EXPRESSION PERSONNELLE, EN PAIRES and EXPRESSION ÉCRITE.

CHAPITRE 1

SÉLECTION 1

AVANT DE LIRE
À Vous
1. c 2. c 3. a

APRÈS LA LECTURE
Avez-Vous Compris?
1. c 2. a 3. c 4. a 5. b
Activité 1
B, G, F, C, E, A, H, D
Activité 2
1. e 2. c 3. h 4. g 5. d 6. a
7. b 8. f
Activité 3
1. annonce 2. restauration rapide
3. formation 4. expérience
5. FreeTime 6. job 7. organisé
8. caisse 9. C.V.

SÉLECTION 2

AVANT DE LIRE
À Vous
1. c 2. b 3. b

APRÈS LA LECTURE
Avez-Vous Compris?
1. a 2. b 3. a 4. c
Activité 1
1. c 2. f 3. e 4. b 5. g 6. a
7. d
Activité 2
S.N.C.F = Société Nationale
           des Chemins de Fer
M. = Monsieur
MM. = Messieurs
R. de C. = Rez-de-chaussée
R.F. = République française
R.S.V.P. = Répondez s'il vous plaît
T.S.V.P. = Tournez s'il vous plaît
T.G.V. = Train à grande vitesse
C-à-d. = C'est-à-dire
Mlle = Mademoiselle
Activité 3
pêcher = *to fish*; pécher = *to sin*
la mer = *sea*; la mère = *mother*
la mémoire = *memory*;
un mémoire = *memoir(s)*
une balade = *a walk*; une ballade = *ballad*
un livre = *book*; une livre = *one pound*
le comte = *count (aristocracy)*;
le conte = *story*
Activité 4
Marie Claire: A, C, D; Peter: B, E

CHAPITRE 2

SÉLECTION 1

AVANT DE LIRE
À Vous
1. b 2. c 3. b

APRÈS LA LECTURE
Avez-Vous Compris?
1. a 2. b 3. b 4. b 5. a 6. a
Activité 1
1. d 2. c 3. b 4. a
Activité 2
1. laborantine 2. recherche
3. microscope 4. généticien
5. expériences 6. découverte
Activité 3
5, 1, 6, 3, 2, 4

SÉLECTION 2

AVANT DE LIRE
À Vous
1. b 2. c 3. a

APRÈS LA LECTURE
Avez-Vous Compris?
1. c 2. a 3. a 4. b 5. c 6. a
Activité 1
1. c 2. e 3. f 4. b 5. a 6. d
Activité 2
1. Terre, planètes 2. combinaisons
spatiales 3. navette spatiale 4. sortie
dans l'espace 5. fusée 6. alunissage
Activité 3 *(Sample answers)*
1. Qui a pour métier de voyager dans
l'espace? 2. Quel genre de vêtement
porte un astronaute? 3. Qu'est-ce
qu'*Ariane*? 4. Comment appelle-t-on un
atterrissage sur la lune? 5. Le soleil est
un exemple de quel corps céleste?
6. Qu'est-ce que *Columbia*?

CHAPITRE 3

SÉLECTION 1

AVANT DE LIRE
À Vous
1. b 2. a 3. c

APRÈS LA LECTURE
Avez-Vous Compris?
1. b 2. a 3. b 4. c 5. a 6. c

Activité 1
1. timide 2. entraînement au trampoline
3. Mario Lemieux 4. née à Montréal
5. patineuse
Activité 2
1. le hockey 2. le podium 3. la pente
de ski 4. la médaille d'or 5. la patinoire
Activité 3
1. skier 2. skieuse 3. skieur 4. skis
5. patineuse 6. patins 7. patinoire
8. patiner

SÉLECTION 2

AVANT DE LIRE
À Vous
1. a 2. b 3. a

APRÈS LA LECTURE
Avez-Vous Compris?
1. b 2. a 3. a 4. c 5. a 6. a
Activité 1
1. d 2. e 3. b 4. a 5. c
Activité 2
1. freine 2. dribblent 3. attrape
4. manches 5. guidon 6. panier
Activité 3
1. un protège-dents 2. des coudières
3. des genouillères 4. des
protège-poignets 5. un casque

CHAPITRE 4

SÉLECTION 1

AVANT DE LIRE
À Vous
1. b 2. a 3. c

APRÈS LA LECTURE
Avez-Vous Compris?
1. b 2. b 3. a 4. b
Activité 1
4, 6, 1, 2, 5, 3
Activité 2
1. d 2. e 3. a 4. b 5. c
Activité 3
1. Saint Louis 2. navets 3. Lewis
4. kidnappée 5. l'océan
Activité 4
1. lieutenants; capitaines 2. de la
chaleur; du froid 3. Camehawait;
Toussaint Charbonneau 4. chèvres;
chevaux

SÉLECTION 2

AVANT DE LIRE
À Vous
1. c 2. b 3. b

APRÈS LA LECTURE
Avez-Vous Compris?
1. a 2. c 3. b 4. a
Activité 1
1: a,c,f 2: b,d,e
Activité 2
1. amateur d'art 2. chef d'orchestre
3. danse de salon 4. écriture
5. vernissage
Activité 3
1. 31 2. journaliste 3. génie
4. Ojibwa 5. africain-américain
Activité 4
1. L'affiche annonce une exposition d'art d'Henry Ossawa Tanner. 2. La collection va être exposée au musée national de l'Orangerie. 3. On peut voir cette collection du 17 novembre au 30 mars.
4. Le musée est ouvert de 9h45 à 17h.

CHAPITRE 5

SÉLECTION 1

AVANT DE LIRE
À Vous
1. a 2. b 3. c

APRÈS LA LECTURE
Avez-Vous Compris?
1. c 2. b 3. c 4. b 5. c
Activité 1
1. bourgeons 2. nids 3. sentier
4. feuilles 5. loup
Activité 2
1. faux/elle veut une rose 2. faux/il a des dents de loup 3. vrai 4. faux/elle le trouve beau 5. faux/il lui offre une bague magique

SÉLECTION 2

AVANT DE LIRE
À Vous
1. b 2. c 3. b

APRÈS LA LECTURE
Avez-Vous Compris?
1. c 2. a 3. b 4. a
Activité 1
1. Aucassin 2. le comte Bougar de Valence 3. Nicolette 4. le comte Bougar de Valence 5. le comte Garin de Beaucaire
Activité 2
1. pont-levis 2. armure 3. jongleur
4. joute 5. reine

CHAPITRE 6

SÉLECTION 1

AVANT DE LIRE
À Vous
1. b 2. c 3. a

APRÈS LA LECTURE
Avez-Vous Compris?
1. b 2. c 3. a 4. c 5. a
Activité 1

9h–10h30	se lever, prier, petit déjeuner, aller chez ses tantes
11h	se faire coiffer
12h	recevoir dans sa chambre
12h30	aller à la messe
1h30	aller voir son mari ou chez elle lire, écrire, ou travailler
3h	aller chez ses tantes
4h	visite de l'Abbé de Vermond
5h	leçons de chant ou de clavecin
6h30	se promener ou aller voir ses tantes
7h	jouer aux cartes ou se promener
9h	souper (dîner)
vers 11h	se coucher

Activité 2
1. Je m'occupe de (d')___ 2. Je me confie à (au) (aux)___ 3. Ils/Elles se sentent mal quand___ 4. Je me méfie de (d')___ 5. Je m'éclate quand___

SÉLECTION 2

AVANT DE LIRE
À Vous
1. a 2. c 3. b

APRÈS LA LECTURE
Avez-Vous Compris?
1. b 2. a 3. c 4. a 5. c
Activité 1
1. a 2. a 3. a 4. b 5. b
Activité 2
1. stylo (–bille/–plume) 2. chercher dans le dictionnaire 3. tache d'encre
4. orthographe 5. apprenez par coeur

CHAPITRE 7

SÉLECTION 1

AVANT DE LIRE
À Vous
1. b 2. a 3. c

APRÈS LA LECTURE
Avez-Vous Compris?
1. a 2. b 3. c 4. c
Activité 1
1. la scierie 2. pigeons 3. Berlin
4. écrire 5. mur

Activité 2
1. rédige 2. figurées 3. le mot juste
4. langue maternelle 5. l'argot

SÉLECTION 2

AVANT DE LIRE
À Vous
1. a 2. a 3. a

APRÈS LA LECTURE
Avez-Vous Compris?
1. b 2. a 3. b 4. b
Activité 1
3, 5, 4, 6, 2, 1
Activité 2
1. triste 2. espoir 3. ennui
4. déprimé 5. amitié

CHAPITRE 8

SÉLECTION 1

AVANT DE LIRE
À Vous
1. b 2. c. 3. a

APRÈS LA LECTURE
Avez-Vous Compris?
1. b 2. a 3. a 4. c 5. c
Activité 1
1. se décider/prendre une décision
2. réfléchir à la question 3. dit ses vérités 4. est du même avis
5. demander conseil 6. embarrassé(e)
Activité 2
LES DEGRÉS DE BONHEUR DE CANDIDE:
1. être né baron de Thunder-ten-tronckh
2. être mademoiselle Cunégonde
3. la voir tous les jours 4. entendre maître Pangloss

SÉLECTION 2

AVANT DE LIRE
À Vous
1. b 2. a 3. b

APRÈS LA LECTURE
Avez-Vous Compris?
1. b 2. a 3. c 4. a 5. b
Activité 1
1. e 2. f 3. d 4. a 5. b 6. c
Activité 2
1. Balducci l'amène. 2. Daru sert du thé à la menthe. 3. Les gens de son village veulent le reprendre. 4. Daru lui donne un paquet de nourriture et de l'argent.
5. «Tu as livré notre frère. Tu paieras.»

SÉLECTION 3

AVANT DE LIRE

À Vous
1. c 2. a 3. b

APRÈS LA LECTURE

Avez-Vous Compris?
1. a 2. b 3. c 4. b 5. a

Activité 1
1. enseignent 2. Volontiers 3. tradition
4. lois 5. méprise 6. gagner sa vie

Activité 2
1. Selon Tante Nabou, la docilité est
la qualité première d'une femme.
2. Tante Nabou pense que l'École des
Sages-Femmes d'État est bien parce que
l'école éduque. 3. Mawdo a décidé
de se marier avec la petite Nabou pour
ne pas faire de chagrin à sa mère.
4. Selon Ramatoulaye, Tante Nabou a
exigé que Mawdo prenne une coépouse
parce qu'elle voulait des enfants de sang
royal.

SÉLECTION 4

AVANT DE LIRE

À Vous
1. a 2. c 3. c

APRÈS LA LECTURE

Avez-Vous Compris?
1. b 2. c 3. a 4. c 5. c

Activité 1
1. guérir 2. faire son testament
3. le deuil 4. enterrer 5. rétablir

Activité 2
1. Vauville se situe dans le Calvados.
2. La dalle sur la tombe du jeune
aviateur est en granit. 3. Les habitants
de Vauville ont utilisé des bougies,
des prières, des chants, des pleurs
et des fleurs pendant qu'ils ont veillé
le jeune aviateur anglais. 4. Le nom
du jeune aviateur anglais et W.J. Cliffe.
5. Le vieil homme pleurait à chaque fois
qu'il parlait de l'aviateur. 6. Le petit
frère de la narratrice a été enterré dans
un charnier.

CHAPITRE 9

SÉLECTION 1

AVANT DE LIRE

À Vous
1. a 2. b 3. b

APRÈS LA LECTURE

Avez-Vous Compris?
1. a 2. c 3. c 4. b 5. a

Activité 1
1. g 2. e 3. b 4. h 5. a 6. c
7. d 8. f

Activité 2
1. faux/Il est maître de la tragédie.
2., 3., & 4. vrai 5. faux/Le succès
l'encourage. 6. faux/Pendant sept ans,
Corneille n'écrit pas de pièces.

SÉLECTION 2

AVANT DE LIRE

À Vous
1. b 2. a 3. a

APRÈS LA LECTURE

Avez-Vous Compris?
1. c 2. a 3. b 4. a 5. b

Activité 1
1. l'estomac 2. poumon 3. coeur
4. articulations 5. doigts 6. muscles

Activité 2
oui: 2, 3, 5, 9, 10
non: 1, 4, 6, 7, 8

CHAPITRE 10

SÉLECTION 1

AVANT DE LIRE

À Vous
1. c 2. c 3. b

APRÈS LA LECTURE

Avez-Vous Compris?
1. b 2. a 3. c 4. b 5. a 6. b

Activité 1
1. s'émerveillant 2. filant 3. bénissant
4. chantant 5. dévidant

SÉLECTION 2

AVANT DE LIRE

À Vous
1. b 2. b 3. c

APRÈS LA LECTURE

Avez-Vous Compris?
1. b 2. c 3. b 4. a

Activité 2
1. *(sample answers)*: se trouva, s'est
trouvée; alla, est allée 2. alla, écouta,
ferma, repartit, maigrit, mangea, tomba,
rendit

SÉLECTION 3

AVANT DE LIRE

À Vous
1. b 2. c 3. a

APRÈS LA LECTURE

Avez-Vous Compris?
1. b 2. c 3. c 4. a

Activité 1 *(sample answers)*
1. une cathédrale 2. regarder
3. sombre 4. étendu

Activités 2
Answers will vary.

SÉLECTION 4

AVANT DE LIRE

À Vous
1. c 2. b 3. c

APRÈS LA LECTURE

Avez-Vous Compris?
1. a 2. c 3. b 4. c

Activité 1 *(sample answers)*
2 noms: sanglots, feuille morte
2 verbes: blessent, suffocant
2 adjectifs: monotone, mauvais

SÉLECTION 5

AVANT DE LIRE

À Vous
1. b 2. c 3. b

APRÈS LA LECTURE

Avez-Vous Compris?
1. b 2. c 3. c 4. b 5. c

Activité 1 *(sample answers)*
3 couleurs: argent, bleu, vert
3 plantes: le cresson, l'herbe, les glaïeuls
3 mots évoquant la lumière: luit, soleil,
rayons
3 parties du corps: bouche, tête, pieds

SÉLECTION 6

AVANT DE LIRE

À Vous
1. a 2. c 3. a

APRÈS LA LECTURE

Avez-Vous Compris?
1. c 2. b 3. b 4. b 5. b

Activité 1
1. c 2. f 3. d 4. e 5. a 6. b

VOCABULAIRE FRANÇAIS-ANGLAIS

This **Vocabulaire** includes all the words and expressions in **IMAGES 3**. (Exact cognates, conjugated verb forms, and proper nouns are generally omitted.) The gender of nouns is indicated by either the definite article (**le** or **la**) or the indefinite article (**un** or **une**). When the article is **l'**, **les** or **des**, the gender is indicated by (*m.*) for masculine nouns and (*f.*) for feminine nouns. When a noun designates a person, the masculine and feminine forms (if applicable) are listed together. Adjectives with irregular changes are listed in both the masculine and the feminine forms. Verbs are listed in the infinitive form except for some past participles and irregular verb forms.

A

s' **abattre** to fall
 abattu(e) cut down, dejected
l' **abécédaire** (*m.*) elementary reader
une **abeille** bee
 abîmer to destroy
 aboyer to bark
un **abri** shelter
 abriter to shelter, to protect
 accroupi(e) crouched
 accueillir (les clients) to greet (the customers)
l' **acier** (*m.*) steel
 acquitter to acquit
l' **ADN** (*m.*) DNA
l' **adolescence** (*f.*) adolescence
 affligé(e) grief-stricken
un **affluent** tributary
 affolé(e) panic-stricken
 affreux (affreuse) horrible
 afin de in order to
l' **âge** (*m.*) age
l' **agneau** (*m.*) lamb
 agrandir to enlarge
s' **aider (de)** to make use (of)
 aisé(e) easy
 ajouter to add
l' **alexandrin** a twelve-syllable poetic verse
l' **alimentation** (*f.*) food
l' **allumette** (*f.*) match
l' **allure** (*f.*) appearance
l' **alunissage** (*m.*) moon landing
l' **amateur** (*m.*) **d'art** art lover
l' **âme** (*f.*) soul
 améliorer to improve

une **amende** fine
 amer (amère) bitter
 amical(e) friendly
l' **amitié** (*f.*) friendship
 amoureux (amoureuse) in love
s' **amuser** to have fun
l' **analphabétisme** (*m.*) illiteracy
l' **analyse** (*f.*) analysis
 ancien(ne) former
l' **annonce** (*f.*) ad
l' **apesanteur** (*f.*) weightlessness
 apeuré(e) frightened
 apparenté(e) related
 appartenir (à) to belong (to)
l' **appentis** (*m.*) shed
 apprendre par cœur to memorize
 apprêter to prepare
l' **arbitre** (*m.*) umpire
l' **arbre** (*m.*) tree
l' **arbuste** (*m.*) shrub
un **arc** bow
l' **argot** (*m.*) slang
une **arme** weapon
l' **armure** (*f.*) armor
 arrière back
 arroser to water
l' **articulation** (*f.*) joint
l' **aspect** (*m.*)
s' **assumer** to take control of one's life
l' **astronaute** astronaut
 atteint(e) touched
un **attentat** attack
 atterré(e) stupefied
 atterrir to land
l' **atterrissage** (*m.*) landing
 attirer to attract
 attraper (la balle) to catch (the ball)
l' **attrapeur** (*m.*) catcher

 aussitôt right away
d' **autant que** all the more so since
 aveugle blind
 aviser à to see to
 avoir to have
 avoir affaire à to deal with
 avoir lieu to take place
 avouer to confess

B

le **BA BÉ BI BO BU** exercise for practicing vowels
une **bague** ring
 balbutier to stammer
la **balle** ball
le **ballet** ballet
le **ballon** ball
la **base** base
le **base-ball** baseball
la **base de données** database
le **basket(-ball)** basketball
le **bâton** ski pole
la **batte** bat
le **batteur** batter
 bavarder to chat, to gossip
 bénir to bless
le **benjoin** benzoin (a kind of incense)
 bercer to rock, to cradle
la **berge** (river) bank
un **berger, une bergère** shepherd
la **besogne** work
le **besoin** need
le **bien-être** well-being
des **bijoux** (*m.*) jewelry
un **billet** IOU
le/la **biologiste** biologist
la **bise** cold N/NW wind; friendship kiss

le **blason** coat of arms
 blême very pale
(se) **blesser** to hurt (oneself)
un **bocal** (pl. **bocaux**) jar
le **bois** woods
une **boîte de conserve** can of food
un **bon de la Défense nationale** war bond
 bondir to leap
le **bonheur** happiness
la **bonté** kindness
les **boucles** (*f.*) **d'oreilles** earrings
une **boule de suif** ball of fat
 bouleverser to stun
un **bourdonnement** drone
le **bourgeon** bud
une **bourse** grant
la **branche** branch
 branché(e) cool, connected (lit. "plugged in")
le **bras** arm
 brillant(e) shiny
la **brindille** twig
 briser to break
 broder to embroider
les **broussailles** (*f.*) undergrowth
 brûler to burn
la **brume** mist
le **bûcher** the stake
la **buée** steam
le **buisson** bush
le **bureau d'accueil** front desk
 buté(e) stubborn

C

le **C.V. (Curriculum Vitae)** résumé
la **cacahuète** peanut
le **cadre** executive

la caisse checkout, cash register
le caissier, la caissière cashier
le calme calm
se calmer to calm oneself
la canicule heat wave
le caoutchouc rubber
car because
la cargaison cargo
un carnet notebook
une carrière career
la cascade waterfall
le casque helmet
la cellule cell
un cercueil coffin
le cerveau brain
cesser to cease
la césure separation between two *hémistiches*
le chagrin d'amour pains of love
la chair flesh
une chaire (university) chair
le champ de bataille battlefield
la chance luck
une chandelle candle
se changer to change one's clothes
un chapelet string, chain
la charité charity
le charnier mass grave
chasser to chase
il ne te chassait pas he wasn't kicking you out
le château fort fortified castle
un châtiment punishment
le chèche turban
le chef chief
le chef d'orchestre conductor
chercher un mot dans le dictionnaire to look up a word in the dictionary
le chercheur, la chercheuse researcher
le chevalier knight
la chèvre goat
le/la chimiste chemist
la chirurgie surgery
le chômage unemployment
chuchoter to whisper
la chute (d'eau) (water) fall
la cime summit, top
les cinq sens (m. pl.) the five senses
clair(e) clear
la clairière clearing
le classement filing
le clavecin harpsichord
le cocher coachman

le coeur heart
un coffret jewelry case
se coiffer to do one's hair
le col (mountain) pass
la colère anger
se mettre en colère to get angry
un collier necklace
la colline hill
la colombe dove
la colonie de vacances (summer) camp
la combinaison wet suit
la combinaison spatiale space suit
la comète comet
le/la commerçant(e) merchant
le compositeur, la compositrice composer
le/la comptable accountant
le/la comte(sse) count/countess
un concours competitive exam
condamner to sentence
la conduite behavior
la conférence lecture
se confier (à) to confide (in)
confus(e) unclear
le congé vacation, leave
la connaissance knowledge
conquérir to conquer
conquis conquered
la conscience morale conscience
une consonne consonant
consterné(e) saddened
le conte tale
content(e) glad
conter to tell
le contrat contract
à contre-coeur against one's will
convaincu(e) convinced
convenir to suit
la corde rope
le corps humain human body
corrompu(e) corrupt
la cotte de maille coat of mail
le coude elbow
la coudière elbow guard
couler to flow; to sink
couler à gros bouillons to gush out
coupable guilty
la cour (royal) court; yard
couramment fluently
courant(e) flowing
la couronne crown

le couronnement coronation
le courroux rage
au cours de during
le cours d'eau river
un cours particulier private lesson
la couverture blanket
craindre to fear
le cresson watercress
la crête ridge
creusé(e) sunken
creuser to dig
crever to pop
une crinière mane
une crique creek
croire to believe
croyait believed
croître to increase
un croque-monsieur grilled ham and Swiss sandwich
la crosse hockey stick
la cruauté cruelty
le cyclisme bicycling

la dalle tombstone
une dame d'honneur lady-in-waiting
la danse dance
la danse folklorique folk dancing
la danse moderne modern dancing
la danse de salon ballroom dancing
le danseur/ la danseuse dancer
une date limite deadline
le Dauphin in France, the king's oldest son
déboucher to emerge
deçà, delà here and there
la déception disappointment
déchiré(e) torn
se décider to decide
le décollage takeoff
décoller to take off
la découverte discovery
définir to define
le/la défunt(e) deceased
un déguisement disguise
se délasser to relax
demander conseil à quelqu'un to ask advice of someone
un démenti refutation
demeurer to stay, to live
la démission resignation
démissionner to resign

démontrer to show
déplaire to displease
dépourvu(e) without
déprimé(e) depressed
déranger to disturb
désespéré(e) desperate
se désespérer to despair
le désespoir despair
le deuil mourning
dévêtu(e) undressed
dévider to unwind (e.g., thread from a spool)
devoir must, should
le devoir duty
le diamant diamond
la dictée dictation
digne worthy, honorable
dire to say
dire ce qu'on pense to speak one's mind
dire ses vérités à quelqu'un to give someone a piece of one's mind
le directeur, la directrice manager
diriger to rule, to direct
un discours speech
le doigt finger
(à) domicile (at) home
le donjon dungeon
doué(e) gifted
la douleur pain, sadness
douloureux, douloureuse painful
doux, douce sweet, soft, mild
le dragon dragon
le drap sheet
le drapeau flag
dressé(e) contre pointed at
se dresser to stand
dribbler to dribble
drôle odd, amusing
le/la duc(hesse) duke/duchess
dupe gullible
dusse (I) could

un échec failure
échouer to run aground
un éclair lightning flash
l' éclaireur (m.) scout
éclater to burst
éclatèrent rang out
s' éclater to have a good time (lit. to explode)

économiser to save money

l' écorce (f.) (tree) bark

l' écrin (m.) jewelry box

écrire to write

l' écriture (f.) writing

l' écrivain (m.) writer

l' écu (m.) shield

l' écureuil (m.) squirrel

effacer to erase

l' effarement (m.) bewilderment

effectuer to execute, to complete

l' effroi (m.) terror

l' égoïsme (m.) egoism

s' élancer to rush

(bien) élevé(e) well-mannered

(mal) élevé(e) ill-mannered

élever (un enfant) to raise (a child)

s' élever to rise

elle-même herself

embrasser to kiss

s' embrouiller to get mixed up

l' embuscade (f.) ambush

s' émerveiller to marvel

emmener to take (along)

émouvoir to upset

l' empereur (m.) emperor

l' emploi (m.) job

l' employé(e) employee

l' employeur, l'employeuse employer

l' emportement (m.) joy

emporter to carry away/off

emprunter to borrow

emprunteuse borrower

ému(e) nervous

encore even, still

un encrier inkpot

l' enfance (f.) childhood

s' enfoncer to bury oneself, to sink, to flee

s' enfuir to leave quickly

engagé(e) hired

un engagement pledge

engager to hire

s' engager to enlist

enjamber to step over

enneigé(e) snowy

l' ennui (m.) boredom

ennuyeux (ennuyeuse) boring

enorgueillir to make proud

enseigner to teach

ensoleillé(e) sunny

un enterrement burial

---

enterrer to bury

s' entraîner to train

entrecoupé(e) broken

l' entretien (m.) **d'embauche** job interview

envahir to invade

les épaules (f.) shoulders

l' épave (f.) wreck

l' épée (f.) sword

épeler to spell

épouvanté(e) terrified

l' épreuve (f.) hardship

éprouver to feel

l' éprouvette (f.) test-tube

l' équipage (m.) crew

l' espace (m.) space

l' espérance (f.) hope

l' espoir (m.) hope

l' essai (m.) try-out

l' estomac (m.) stomach

l' estrade (f.) platform

l' étang (m.) pond

l' étape (f.) stage

  par étapes in stages

étendu(e) stretched out

s' éterniser to linger

l' étoile (f.) star

être to be

  être à charge to be a burden

  être au chômage to be unemployed

  être en congé to be on vacation, on leave

  être embarrassé(e) to be at a loss

  être licencié(e) to be dismissed, fired

  être du même avis to have the same opinion

  être promu(e) to be promoted

un être humain human being

eûmes (we) had

eûssent (they) had

eût (he/she) had

s' évanouir to faint

évoquer to evoke

exiger to demand

l' expérience (f.) experiment, experience

l' expérience (f.) **professionnelle** previous experience

l' explorateur, l'exploratrice explorer

une expression figurée figurative expression

(s') exprimer to express (oneself)

l' extrait (m.) excerpt

F

faillir to fail

faire to make, to do

  faire comme il vous plaira to do as you please

  faire comme vous voudrez /l'entendre to do as you like/choose

  faire son devoir to do one's duty

  faire de grands efforts to strive hard

  faire une photocopie to make a photocopy

  faire une révérence to bow

  faire un somme to take a nap

  faire son testament to make one's will

  n'en faire qu'à sa tête to have one's own way

  faire sa toilette to get ready

la faute mistake

faxer to fax

la fée fairy

féodal(e) feudal

la fermeture clasp

la fermeture éclair zipper

le feu fire, energy

la feuille (de papier) leaf; sheet (of paper)

un fiacre carriage

la figure face

filer to spin (e.g. cotton)

la flamme flame

le flanc flank

une flèche arrow

le flip flip (skateboard term)

la foi faith

  foi d'animal in good faith

le foie liver

le forgeron blacksmith

fort(e) loud, hard

une fosse grave, pit

le fossé moat

fou, folle insane

la foudre lightning

la fourrure fur

se foutre to take somebody for an idiot

francophile French-loving

freiner to brake

frissonner to shiver

froissé(e) offended

fulgurant(e) dazzling

les funérailles (f. pl.) funeral

funeste disastrous

la fusée rocket

fut he/she was

G

gagner sa vie to earn a living

la galerie d'art art gallery

garder to observe, to keep, to respect

le gène gene

gêner to bother, to hamper

  Est-ce que je me gênais pour vous donner congé? Did I mind giving you the day off?

la générosité generosity

le/la généticien(ne) geneticist

une genouillère knee guard

gérer to manage

un gilet waistcoat

les glaïeuls gladioli

glisser to glide

sa gorge se noua a lump came into his/her throat

le goût taste

une gouvernante governess, nanny

gravir to climb

le gré will

  de son plein gré of one's own free will

grelottant(e) shivering

la grève strike

la grippe flu

grisé(e) intoxicated

gronder to reprimand

guérir to cure; to recover

une guérison recovery

la guerre war

guerrier warlike

le guerrier, la guerrière warrior

le guide guide

le guidon handlebars

H

les haillons (m.) ragged clothing

le hameau hamlet

un hangar shed

la hardiesse audacity

l' harmonie (f.) harmony

le harnois harness, armor

hâter to hasten

tout haut loud

l' hémistiche (m.) each six-syllable half of an *alexandrin*

un héritier, une héritière
heir(ess)
l' hermine *(f.)* ermine fur
les hêtres *(m.)* **séculaires**
century–old beech trees
les heures *(f. pl.)* **de pointe**
peak time, busy period
heureux (heureuse)
happy
le hibou (pl. **hiboux**) owl
l' histoire *(f.)* story
le hockey hockey
le hockeyeur,
la hockeyeuse
hockey player
honteux (honteuse)
shameful
l' humeur *(f.)* mood

d' icelui from it
une idée idea
une image image
immodéré(e) extreme
immoler to sacrifice
s' impatienter to get
impatient
l' impératrice *(f.)*
empress
l' imprévoyance *(f.)* lack
of foresight
imprimer
(un document)
to print (a document)
inaperçu(e) unnoticed
incompris(e)
misunderstood
indigne unworthy
l' inondation *(f.)* flood,
flooding
s' inquiéter to worry
inspirer to inspire
l' intempérie *(f.)* bad
weather
l' interprétation *(f.)*
interpretation
l' interprète interpreter
interpréter
to interpret
l' interpréteur *(m.)*
interpretation software
interroger to question
les intestins *(m. pl.)*
intestines
l' intrigue *(f.)* plot
l' ivresse *(f.)* rapture

la jambe leg
la jeunesse youth
le joaillier, la joaillière
jeweler

le jongleur, la jongleuse
juggler
jouer au hockey
to play hockey
la joute joust
jurer to swear; to clash
jusqu'alors until then

le/la laborantin(e)
laboratory assistant
la laine wool
laisser to leave,
to abandon
on le leur laisserait à
one would let them have
it for
la lance spear
lancer to launch;
to throw
le lanceur pitcher
la langue maternelle
native language
la langueur apathy,
weakness
las(se) tired
la lassitude fatigue
laver to wash
un lecteur (proof)reader
la lecture reading
la légende legend
la Légion d'honneur
Legion of Honor
lequel which
libérer to free
la liberté freedom
le libre arbitre free will
la licence graduate degree
le licenciement dismissal
la licorne unicorn
lié(e) close, bound
lisse smooth
le lit du fleuve riverbed
la littérature literature
livrer to deliver
le livreur, la livreuse
delivery person
la loi law
lors (de) during
une louange praise
louer to rent
un louis gold coin
le loup wolf
luire to shine
la lune moon
lutter to struggle,
to fight

Mahomet Mohammed
le maillot shirt

la main hand
la malchance bad luck
malheureux
(malheureuse)
unhappy
la manche inning
manquer (à) to miss
ce qu'il manque what
he is missing
il me manque
I miss him
une mansarde small attic
room
marchander to bargain
la marche walking
le masque mask
le mât totémique totem
pole
maudire to curse
maure Moorish
la médaille medal
d'argent silver
de bronze bronze
d'or gold
se méfier (de) to distrust
les membres *(m. pl.)* limbs
mener to lead
le ménestrel minstrel
méprisable contemptible
mépriser to despise,
to disregard, to scoff at
mériter to deserve
la messe mass
(church service)
la métaphysico-théologo-
cosmolo-nigologie
exaggeration of
pretentious philosophical
terms
mettre au net
to settle
un meurtrier murderer
le microbe microbe, germ
le microscope
microscope
MM. (Messieurs)
le mocassin moccasin
la mode fashion
les moeurs *(f. pl.)* habits,
morals, customs
la moitié half
du monde lots of people
le moniteur, la monitrice
camp counselor
le monoplace one-seater
la mort death
le mot juste the right
word; the exact word
une mouche fly
mourra will die
mousser to foam,
to sparkle
le Moyen Âge
Middle Ages
muet(te) mute, silent
la muraille (high) wall
mûrir to mature

les muscles *(m. pl.)* muscles
le musée museum
la musique classique
classical music
les Musulmans Moslems

la naissance birth
un navet turnip
la navette (spatiale)
(space) shuttle
ne... point not
le néant nothingness
les nécessiteux needy,
poor people
le nerf nerve
le nid nest
le niveau level
le noble noble
noctambule late-night
la nue high clouds

O

l' O.M.S. l'Organisation
mondiale de la Santé
l' O.N.U. L'Organisation
des Nations unies
(United Nations)
obéir (à) to obey
s' occuper (de) to take
care (of)
une odeur smell
l' odorat *(m.)* sense
of smell
une oeuvre work (of art)
l' offre *(f.)* **d'emploi**
job offer
l' oiseau *(m.)* bird
l' ollie *(m.)* jump
(skateboard term)
les ombres myrteux
myrtle shadows
l' onde *(f.)* (ocean) wave
l' opéra *(m.)* opera
orageux (orageuse)
stormy
un orateur speaker
l' orbite *(f.)* orbit
l' ordonnance *(f.)*
prescription
les organes *(m.)* organs
orgueilleux (orgueilleuse)
proud
les orteils *(m.)* toes
l' orthographe *(f.)* spelling
ôter to remove
l' ouïe *(f.)* hearing
l' oût=l'août *(m.)* August
l' ouvrier, l'ouvrière
worker

P

pacifique peaceful
le **page** page boy
le **palais** palace
le **palet** hockey puck
le **panier** basket
le **panneau** board
un **panonceau** sign
la **PAO (la publication assistée par ordinateur)** desktop publishing
un **paravent** partition
le **pardon** forgiveness
parfois sometimes
une **parole** word
partager to share
partir en retraite to retire
la **parure** jewel (necklace)
parvenir to reach
parvint reached
la **passe** pass
le **patinage** ice skating
le **patinage artistique** figure skating
patiner to ice–skate
le **patineur, la patineuse** ice skater
la **patinoire** skating rink
les **patins** (m. pl.) **à glace** ice skates
patrouiller to patrol
le **pâturage** pasture
la **pauvreté** poverty
le **paysage** (m.) landscape
le/la **paysan(ne)** peasant
le **pêcheur** fisherman
la **pédale** pedal
pédaler to pedal
la **peine** sorrow
le **peintre** painter
la **peinture** painting
la **pelouse** lawn
une **pensée** thought
la **pente (de ski)** (ski) slope
perdre to ruin, to lose
pétri(e) formed
la **peur** fear
le/la **physicien(ne)** physicist
le **pic** peak
un **pied** syllable (in poetry); foot
les **pierreries** (f. pl.) precious stones
un **pilier** pillar
un **pilon** pestle
la **piste** (ski) slope
le **placard** cupboard
la **plaie** wound

(se) **plaindre (de)** to complain (about)
la **plaine** plain (geog.)
plaire (à) to please
le **plaisir** pleasure
une **planche** board
la **planète** planet
la **plate-bande** flowerbed
le **pli** fold
le **pneu** tire
le **podium** podium
un **poème** poem
la **poésie** poetry
un(e) **poète** poet
le **pont-levis** drawbridge
le **porc** pig
poser une question to ask a question
le **potager fleuri** kitchen garden
le **poumon** lung
un **pourboire** tip (at a restaurant)
pousser to push, to let out (a sigh, for example)
le **pré** meadow
prendre to take
prendre une décision to make a decision
prendre le deuil to go into mourning
prendre un message to take a message
la **présentation** appearance
prêter to loan
un **prêteur** (money) lender
prêteur (prêteuse) lender
prévu(e) planned
prier to pray, to beg
prièrent (they) begged
la **prière** prayer
le **prince** prince
la **princesse** princess
le **prochain** neighbor, fellow man
la **promotion** promotion
le **protège-poignet** wrist guard
puissant(e) powerful
le **pupitre** desk

Q

les **quartiers** (m.) quarterings (on coat-of-arms, proving noble descent)
à **qui** to whom
quoique although
quotidien(ne) daily

R

la **racine** root
raconter to tell
la **radiologie** radiology
ramener to bring back
le **rang** rank
rangé(e) sitting
se **rappeler** to remember
la **raquette** snowshoeing
la **rate** spleen
un **ravin** ravine, gully
la **réception** reception
le/la **réceptionniste** receptionist
recevoir to entertain, to receive
la **recherche** research
réciter to recite
réclamer to require
une **récompense** reward
recroquevillé(e) curled up
un **rédacteur, une rédactrice** editor
rédiger to write
redouter to fear
réfléchir à la question to think something over
cela demande réflexion it needs to be thought about
le **regard** gaze
la **règle (en fer)** (iron) ruler
le **règne** reign
régner to reign
la **reine** queen
rejeter to reject, to dismiss
se **relayer** to take turns
se **relever (de)** to get over something
le **remède** cure
remercier to thank
les **remparts** (m.) ramparts
le **renard** fox
se **rendre** to go
rendre le dernier soupir to breathe one's last breath
rendre leurs devoirs à la patrie qui s'en allait to pay their respects to the homeland that was dying
rendre service to oblige, to help
renoncer to give up
renouveler to renew
renvoyer to dismiss
répéter to recite
répliquer to retaliate

répondre (à) to answer
répondre au téléphone to answer the phone
le **repos** rest
se **reposer** to rest
le **réseau en ligne** on-line network
résoudre to solve
la **restauration rapide** fast food
du **reste** moreover
restituer to repay
se **rétablir** to get well
retourner to turn upside down looking for
se **retourner** to turn around
la **retraite** retirement
une **réunion** meeting
la **réussite** success
ne **reverra jamais** will never see again
réviser (un document) to edit (a document)
un **réviseur, une réviseuse** editor
se **rhabiller** to dress again
un **rhume** cold
la **rime** rhyme
une **rivière** necklace
le **roi** king
romancé(e) fictionalized
la **roue** wheel
le **rouge** blush
les **roulettes** (f.) small wheels
le **royaume** kingdom
la **royauté** kingship
rude harsh
rudement very
rugir to roar
ruisseler to drip
la **rupture** separation
le **rythme** rhythm

S

une **sage-femme** midwife
le **salaire** salary
le **sang** blood
un **sanglot** sob
les **sans-logis** (m.) the homeless
les **Sarrasins** Moslems
le **satellite** satellite
le **saut** jump, flip
le **saut périlleux** flip (in figure skating)
sauter au cou de to hug
se **sauver** to run away
qui **savais à peine écrire** who could hardly write
le **savoir** knowledge

savonner to soap
le sceptre sceptre
la scierie sawmill
sécher to dry
la sécheresse drought
le/la secrétaire secretary
le secrétariat secretarial staff
le secteur area, sector
un seigneur lord
la selle seat
le sens (propre) (literal) meaning
sensible sensitive
le sentier path
le sentiment feeling
se sentir (bien/mal) to feel (good/bad)
une sépulture grave
le serf, la serve peasant
le serpent snake
serviable helpful
le serviteur servant
le siège headquarters; seat
la signification meaning
signifier to mean
singulier (singulière) odd
le ski skiing; ski (equipment)
skier to ski
le skieur, la skieuse skier
la soie silk
soi-même oneself
soit is
le soleil sun
solennel(le) solemn
la solitude aloneness, loneliness
sombre dark
le sommet summit
un son a sound
le sorcier, la sorcière warlock, witch
la sortie dans l'espace space walk
une sottise silly or foolish thing
un souci worry
souffler to catch one's breath
un soufflet slap
un soupçon trace
soupçonner to suspect
souper to have supper
un soupir sigh
sourd(e) muffled; deaf
le soutien support
se souvenir to remember

le squelette skeleton
le street plant handstand (on skateboard)
une strophe stanza
un stylo-bille ballpoint pen
un stylo-plume fountain pen
subir to undergo
subsister to live
suffisant(e) conceited; sufficient
il suffit it is enough
suggérer to suggest
le sujet subject
le supplice torture
supplier to beg
surmonter to overcome (a problem)
susciter to incite
une syllabe syllable
un symbole symbol
la symphonie symphony
le système nerveux nervous system
le système vasculaire vascular system

le tableau painting
une tache d'encre blot of ink
taillé(e) carved
le tailleur tailor
tandis que while
en tant que as
taper un document to enter a document
une tapisserie tapestry
le taux de l'usure high interest rate
la tempête (de neige) (snow) storm
ténébreux, ténébreuse shadowy, dark
tenir à to value, to care about
n'ont pas assez tenu à (they) did not care enough
le terrain court, playing field
la Terre Earth
le terre-plein terrace
le terrier burrow
le tipi teepee
tirer (sur) to shoot (at)
la toilette clothing

un toit (de chaume) (thatched) roof
le tonnerre thunder
un torchon dish towel
le torrent mountain stream
le toucher touch
la tour tower
le tournoi tournament
tout de même all the same
toutefois however
une tradition tradition
le traducteur translation software
le traducteur, la traductrice translator
la traduction translation
traduire to translate
un traité treaty
le traitement de texte word processing
le trajet route
le trappeur trapper
un travail workmanship, piece of work
de travers on crooked
traverser to cross
le tremblement de terre earthquake
tricoter to knit
triste sad
la tristesse sadness
se tromper to make a mistake
trompeur (trompeuse) deceptive
le tronc (tree) trunk
le trône throne
trôner to sit imposingly
un troubadour traveling poet-musician
tuer to kill
le type guy

l' Unesco United Nations Educational, Scientific, and Cultural Organization
user to wear down

le V.T.T. (Vélo Tout Terrain) mountain bike

la vague wave
le vaisseau sanguin blood vessel
une valeur value
la valse waltz
vaniteux, vaniteuse conceited
Varsovie Warsaw
le vautour vulture
veiller to watch over
le vélo de course racing bike
se venger to take revenge
la verdure greenery
le vermisseau small worm
le vernissage private opening (art exhibit)
verrai (I) will see (future of *voir*)
un vers line (of poetry)
les vers (*m.*) verse (poetry)
verser to pour
une vertu virtue
un vice vice
le vicomte viscount
la vie life
les vieillards (*m. pl.*) old people
la vieillesse old age
vif, vive bright
le virus virus
vivant(e) living
vivre to live
a vécu lived
vécurent toujours heureux lived happily ever after
une voie way, road
le voisinage neighborhood
voler (une base) to steal (a base)
volontiers willingly
vouloir to want
vouloir dire to mean
vouloir du mal à quelqu'un to wish someone harm
s'en vouloir (de quelque chose) to reproach oneself (for something)
le voyageur, la voyageuse traveler
une voyelle vowel
la vue sight